KANGAROO ISLAND 7

Pinguine und bizarre Seedrachen, seltene Kängurus, Koalas und riesige Seehundkolonien in wilder Natur.

📷 *Tipp: Folg dem Bretterweg am Admirals Arch bis zum Ende. Hier spielen fast immer Seehunde auf den Klippen.*

➤ S. 148, South Australia

CRADLE MOUNTAIN-LAKE ST. CLAIR NATIONAL PARK 8

Eintauchen in die kaum berührte Wildnis Tasmaniens: spitze Bergmassive, stille, abgrundtiefe Seen, Sümpfe und moosbewachsene Urwälder.

➤ S. 164, Tasmania

GREAT OCEAN ROAD 9

Eine der schönsten Küstenstraßen der Welt – mit bizarren Felsformationen (Foto), eindrucksvollen Steilküsten, wunderbaren Ausblicken und geheimnisvollen Wäldern.

📷 *Tipp: Steig die Gibson Steps nahe den Twelve Apostles hinunter. Bei Ebbe stehst du hier direkt vor den Steinfelsen.*

➤ S. 166, Erlebnistouren

FRASER ISLAND (K'GARI) 10

Die größte Sandinsel der Welt bietet endlose Strände mit Dingos und drum herum Wale, Delphine und tiefblaues Wasser.

📷 *Tipp: Auf einer Bootstour zwischen August und Oktober bekommst du fast sicher einen Buckelwal vor die Linse.*

➤ S. 94, Queensland

INHALT

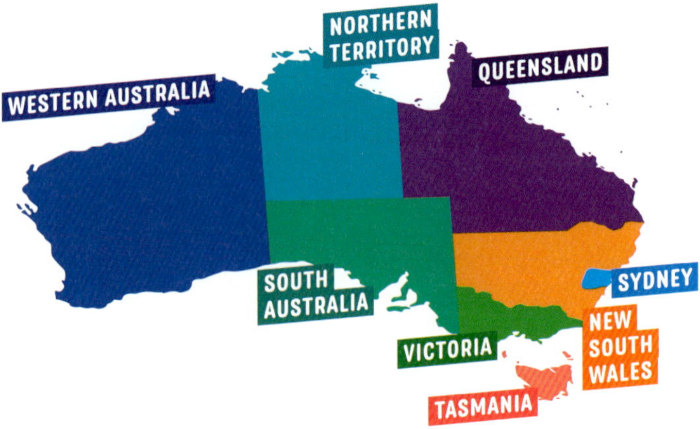

NORTHERN TERRITORY
QUEENSLAND
WESTERN AUSTRALIA
SYDNEY
SOUTH AUSTRALIA
NEW SOUTH WALES
VICTORIA
TASMANIA

⏲	Besuch planen	🍴	Essen/Trinken
€–€€€	Preiskategorien	🧺	Shoppen
(*)	Kostenpflichtige Telefonnummer	🍸	Ausgehen
		⛱	Top-Strände

(🗺 A2) Herausnehmbare Faltkarte
(🗺 a2) Zusatzkarte auf der Faltkarte
(0) Außerhalb des Faltkartenausschnitts

BESSER PLANEN MEHR ERLEBEN!

Digitale Extras
go.marcopolo.de/app/aus

DAS BESTE ZUERST

Toppt alle anderen: der Sonnenuntergang am Uluru

BEST OF

BEI REGEN

SCHÖN, AUCH WENN ES REGNET

RIESENKÄNGURUS UND URZEITECHSEN
Die umfangreichen Sammlungen des *Australian Museum* gewähren spannende Einblicke in die Naturgeschichte des uralten Kontinents
➤ S. 46, Sydney

FELS IM REGEN
Ein seltenes Naturwunder, wenn du den *Uluru (Ayers Rock)* bei heftigen Niederschlägen erlebst. Dann ergießen sich nämlich Sturzbäche über die glatten Felswände, stürzen Wasserfälle in die Tiefe und schießen Fontänen aus Öffnungen im Berg
➤ S. 119, Northern Territory

AM RIFF ABTAUCHEN
Da mögen die Wettergötter noch so wüten, im bunten Paralleluniversum des *Great Barrier Reef* heißt es business as usual. Tauchtouren werden nur bei Hurrikanwarnungen abgesagt
➤ S. 96, Queensland

EINWANDERERGESCHICHTEN
Wie haben frühe Einwanderer bloß den Weg über die Meere gemeistert? Auf Segelschiffen, eingepfercht in enge Verschläge unter Deck? Einen Einblick erhältst du im *Immigration Museum* in Melbourne
➤ S. 75, Victoria

IST DAS KUNST ODER KANN DAS WEG?
Das *Mona (Museum of Old and New Art)* bei Hobart bietet Kunstgenuss der anderen Art: Einen ganzen Raum füllt z. B. eine Maschine, die Essen in Exkremente umwandelt. Schöner Sch…
➤ S. 159, Tasmania

EINKAUFSPALAST
Um die 180 Läden sowie zahlreiche Restaurants und Imbisse füllen das Shoppingcenter *Melbourne Central* (Foto). Stundenlang kann man sich hier beim Bummeln die Zeit vertreiben
➤ S. 80, Victoria

BEST OF

LOW-BUDGET

FÜR DEN KLEINEN GELDBEUTEL

KUNSTGENUSS

Australiens größte Kunstgalerie, die *National Gallery of Australia*, in Canberras Regierungsviertel kostet dich keinen Cent. Nur dein Zeitbudget solltest du nicht zu eng kalkulieren, denn du darfst dich auf mehr als 160 000 Werke australischer und internationaler Künstler freuen

➤ S. 64, New South Wales

KRANKENBESUCH ERLAUBT

Im ehrenamtlich geführten *Koala Hospital* in Port Macquarie werden Koalas gesund gepflegt, um später wieder in die freie Natur entlassen zu werden. Plan deinen Besuch – gegen eine kleine Spende – für 15 Uhr, wenn die putzigen Beuteltiere gefüttert werden

➤ S. 60, New South Wales

FREIE FAHRT

Für die *City Circle Tram* (Foto), die auf Schienen auf einem Rundkurs durch die Innenstadt von Melbourne verkehrt, braucht man keinen Fahrschein. Viele Sehenswürdigkeiten befinden sich in Gehweite von den Haltestellen

➤ S. 74, Victoria

ZENTRALER BADESPASS

Weil es der Tropenstadt Cairns an einem ordentlichen Sandstrand fehlt, hat sie kurzerhand zwischen Fußgängerzone und Küstenpromenade eine Freizeitoase mit Salzwasserbecken, Liegewiesen und Barbecue-Plätzen angelegt. Die *Esplanade Swimming Lagoon* ist ein beliebter Treffpunkt – auch weil der Eintritt gratis ist

➤ S. 101, Queensland

MIT DEN LOCALS DURCH DIE STADT

Greeters heißen die Ehrenamtlichen, die Besucher freundlich willkommen heißen und ihnen ihre Stadt zeigen. Der Service ist kostenlos und wird derzeit in Sydney, Melbourne, Brisbane, Cairns und Adelaide angeboten

AUF TUCHFÜHLUNG MIT KÄNGURUS

Kängurus, Koalas und Emus kann man in Australien natürlich in freier Natur bewundern – aber Geduld und Glück gehören dazu. Im *Cleland Wildlife Park* in Adelaide leben die Tiere in natürlicher Buschumgebung und dürfen sogar gefüttert werden

➤ S. 146, South Australia

BAUERNHOF ZUM ANFASSEN

Hier wurde das Landleben in die Stadt geholt: Auf der *Collingwood Children's Farm* in Melbourne dürfen die Kleinen Ziegen und Schafe streicheln, auf Ponys reiten und beim Melken zusehen

➤ S. 79, Victoria

EINFACH NUR SPIELEN

Die Spielplätze in Australien sind nicht selten so grandios, dass deine Kleinen noch lange davon reden werden. Probier doch mal den *Wasserspielplatz* (Foto) am Darling Harbour aus. Hier kommt jeder von ganz klein bis eigentlich schon viel zu groß voll auf seine Kosten. Ersatzklamotten einpacken!

➤ S. 47, Sydney

SPASS MIT LERNEFFEKT

Das *Questacon* lockt in Canberra mit Experimenten der unwiderstehlichen Art: Wer wollte nicht schon immer mal Air-Hockey gegen einen Roboter spielen, ein simuliertes Erdbeben erleben oder einen Tsunami auslösen?

➤ S. 65, New South Wales

VORSICHT, KROKO!

Bei einer *Bootsfahrt auf dem Adelaide River* können Groß und Klein erleben, wie Salzwasserkrokodile grazil aus dem Wasser springen und nach dem Köder schnappen, der über die Reling gehalten wird. Ein unvergessliches Erlebnis!

➤ S. 112, Northern Territory

BEST OF

TYPISCH

DAS ERLEBST DU NUR HIER

DO IT LIKE THE ABORIGINES

Damper kochen, im Schlamm nach Wassernüssen graben, Ameisen schlecken – auf der *Animal Tracks Safari* leben aufgeschlossene Reisende einen Tag lang wie die Aborigines über Zigtausend Jahre hinweg. Mit einer Ureinwohnerin geht es durch entlegene Winkel des Kakadu National Parks

➤ S. 114, Northern Territory

DAS BLUT DER AUSTRALISCHEN ERDE

Weingüter bieten Kostproben ihrer Tropfen (Foto) an, meist sind diese sogar kostenlos. Am besten schließt du dich bei deinem Besuch einer Tour an. Aber denk dran: Die Promillegrenze liegt bei 0,5 Prozent!

➤ S. 149, South Australia

TIERISCHE UREINWOHNER

Das *Koala Sanctuary* gilt als größter Koala-Tierpark der Welt und bietet auch Platz für andere einheimische Arten: Schließ am Stadtrand von Brisbane Bekanntschaft mit Schnabeltieren, großen Laufvögeln, zutraulichen Kängurus und Beutelbären

➤ S. 91, Queensland

EINFACH SCHMECKEN LASSEN

Schlemmen (fast) wie die Ureinwohner. Was im populären *Ochre Restaurant* in Cairns auf den Tisch kommt, entstammt mehr oder weniger der Aborigineküche: Emu-, Känguru- oder Krokodilfleisch, heimische Beerenfrüchte und Buschtomaten

➤ S. 101, Queensland

GLAMPEN ZWISCHEN WALLABYS UND WOMBATS

Der Wind peitscht gegen das Zelt und irgendwo schabt ein Wombat – urgemütlich, aber mitten im Busch kannst du z. B. im *Wilderness Retreat* in Victorias Wilsons Promontory National Park übernachten

➤ S. 85, Victoria

SO TICKT AUSTRALIEN

Faszinierend und vielschichtig ist die Kultur der Aborigines

ENTDECKE AUSTRALIEN

Schwungvoll verbindet die Elizabeth Quay Bridge Perth' City mit der Ufermeile

Jeder kennt das Opernhaus, den Uluru, Bumerangs und Kängurus. Jeder hat schon gehört, dass die Spinnen auf diesem Kontinent giftig, Koalas schläfrig und Australier irgendwie aufgeschlossen sind. Aber mal ehrlich – wirklich viel wissen wir meist nicht über den großen Roten Kontinent am anderen Ende der Welt.

DAS UNBEKANNTE SÜDLAND

Historisch betrachtet trat Australien ja auch erst vor ganz kurzer Zeit ins Bewusstsein unserer westlichen Zivilisation. Noch bis zur Rückkehr von Captain James Cook von seiner ersten Südseereise 1771 war die „Terra Australis Incognita" – das unbekannte Südland – nichts als eine Vermutung. Man muss sich das mal vorstellen: In Europa hatte das Maschinenzeitalter begonnen und Astronomen

70 000–64 000 v. Chr. Die Aborigines besiedeln Australien

1770 Captain James Cook nimmt den Kontinent für die britische Krone in Besitz

1788 Großbritannien nutzt Australien als Strafkolonie

1851 Erste Goldfunde locken Menschen aus aller Welt an

1901 Die Kolonien schließen sich zum Bundesstaat zusammen

1905–1970 Kinder von Aborigines werden ihren Familien entnommen und gehen als

konnten den exakten Abstand zwischen Sonne und Erde berechnen, aber die Existenz der weltgrößten Insel, einer Erdmasse mehr als 35-mal so groß wie Großbritannien, war uns irgendwie durchgegangen.
Und was für eine bizarre Welt das doch war: Statt ihrer Blätter warfen hier Bäume ihre Rinde ab. Schwäne waren nicht weiß, sondern schwarz. Die Jahreszeiten waren vertauscht. Die Naturforscher fanden keine Worte für die neu entdeckten Lebewesen. Schon gar nicht ließen sie sich irgendwelchen bestehenden Kategorien zuordnen. „Es ist nicht möglich, es mit einem europäischen Tier zu vergleichen, denn es birgt nicht die geringste Ähnlichkeit mit irgendeinem mir bekannten", so versuchte es der sonst nicht um Worte ringende Botaniker Joseph Banks mit dem Känguru. Kein Wunder, dass die knappen, phantasieanregenden Beschreibungen für große Aufmerksamkeit sorgten. Und es würden noch viele, viele Jahre vergehen, bis die gröbsten Wissenslücken gestopft waren. Die Faszination ist bis heute geblieben.

DAS LAND DER TRAUMZEIT

Während wir Europäer Australien als junges Land betrachten, ist es für die Ureinwohner alles andere als das. Die Aborigines lebten schon mindestens 60 000 Jahre auf dem Kontinent, als Captain Cook hier vor Anker ging. Damit ist die Aboriginekultur die älteste, fortwährend bestehende Kultur der Menschheit. Aber nicht nur das: In den Grundzügen ist der Glaube, die Lebensweise und die Spiritualität der Aborigines derart beständig, dass heutige Aborigines die in

stolen generation in die Geschichte ein

1942 Japanische Bomber greifen Darwin an. Australische Soldaten kämpfen auf der Seite der Alliierten

2008 Premierminister Kevin Rudd entschuldigt sich bei den Opfern der *stolen generation*

2015 Das Parlament verabschiedet „The Reef 2050 Plan" zum Schutz des Great Barrier Reef

2016/2019 Die australische Bramble-Cay-Mosaikschwanzratte gilt als erstes Säugetier, das dem Klimawandel zum Opfer fiel, offiziell als ausgestorben

Form von Felsmalereien oder Versen übertragenen Botschaften ihrer Vorfahren mit einer Leichtigkeit zu interpretieren verstehen, als seien sie Kurznachrichten eines zeitgenössischen Cousins.
Ihre tiefe Verbundenheit mit ihrem Land sorgte für eine Lebensweise, die über Jahrtausende hinweg im perfekten Einklang mit der Natur stand. In ihrer Mythologie ist jeder Mensch ein direkter Nachfahre eines Ahnenwesens aus der Schöpfungsgeschichte. Diese als *dreamtime* (Traumzeit) bezeichnete Phase wird in Form von Malereien und Liedern überliefert. Allerdings wird jeder Mensch nur in jenes Wissen eingeweiht, das ihm aufgrund seines Geschlechts, Alters und Rangs zusteht. Als uneingeweihte Außenstehende erhalten wir Nicht-Aborigines also nur Einblicke in einen sehr geringen Teil der indigenen Mythologie.

ZWEI WELTEN PRALLEN AUFEINANDER

Die Aborigines sehen es als ihre Rolle an, ihr Land und alle darauf befindlichen Lebewesen zu hüten und die natürliche Balance zu bewahren. Das Besitzdenken, der weißen Siedler lag den Aborigines so fern wie Ackerbau oder die Errichtung permanenter Siedlungen. Die Weißen wiederum nahmen den Mangel an festen Bauten und Landwirtschaft als Grundlage für eine fatale Annahme: In der Terra-Nullius-Doktrin deklarierten sie Australien zum Niemandsland. Die darauf folgende Landnahme führte zwangsläufig zur Zerstörung des Lebensraums der Aborigines, brutale Auseinandersetzungen zwischen Ureinwohnern und Neuankömmlingen sowie eingeschleppte Krankheiten taten ihr Übriges. In vielen Gebieten waren die Ureinwohner innerhalb kürzester Zeit so gut wie ausgerottet. Die Fiktion der Terra Nullius wurde übrigens erst 1992 aufgehoben. Das Zusammenleben zwischen Ureinwohnern und westlicher Zivilisation bleibt bis heute ein schwieriges Thema mit vielen offenen Wunden.

ANDERE LÄNDER, ANDERE MASSSTÄBE

Von Sydney an der Ostküste bis nach Perth im Westen sind es auf dem Landweg knapp 4000 km. Und wer von Adelaide im Süden nach Darwin im tropischen Norden unterwegs ist, wird den Kilometerzähler um mindestens 3000 in die Höhe treiben. Auf den insgesamt knapp 7,7 Mio. km^2 leben gerade mal rund 25 Mio. Menschen. Diese Maßstäbe muss man bei der Reiseplanung unbedingt im Auge behalten
Was lockt dich nach Australien? Die kosmopolitischen Zentren wie Sydney und Melbourne? Die endlosen, menschenleeren Sandstrände oder das Great Barrier Reef? Die perfekte Welle? Oder zieht es dich in die Weite des Outbacks? Für welche Ziele du dich auch entscheidest, lass Luft für spontane Erkundungen, überraschende Begegnungen und Sonnenuntergänge, die noch faszinieren, wenn die glühende Kugel schon längst am Horizont verschwunden ist. Genau dies sind die Erlebnisse, die noch lange in Erinnerung bleiben werden.

INSIDER-TIPP
Weniger ist mehr

AUF EINEN BLICK

25.500.000
Einwohner

Sydney: 5.370.000
Berlin: 3.520.00

35.877KM

Küstenlänge

Längster Strand:
Ninety Mile Beach

151km

In Deutschland:
Strand von Usedom: 42 km

7.692.000km²
Fläche

Sydney: 12.368 km²
Deutschland: 357.386 km²

LÄNGSTE GERADE EISENBAHNSTRECKE DER WELT

478KM

durch die Nullarbor Plain

EINWOHNER MIT EINWANDERUNGS-HINTERGRUND

28,2 %

(Geburtsort außerhalb Australiens)

BELIEBTESTE REISEZEIT FÜR SYDNEY

September–November
und
März–Mai

19 UNESCO-WELTERBESTÄTTEN

u. a. Great Barrier Reef, Daintree Rainforest, Fraser Island, Sydney Opera House

MOUNT KOSCIUSZKO

höchster Berg mit 2.228 m

Zugspitze: 2.962 m

BERÜHMTESTE PERSONEN
Nicole Kidman (Schauspielerin)
Eddie Mabo (Menschenrechtler)

SONNENTAGE IN SYDNEY

107

AUSTRALIEN VERSTEHEN

BULADJANG ODER DIE RACHE DES URANS

Im tropischen Norden Australiens liegt ein Gebiet, das bei den örtlichen Ureinwohnern seit Jahrtausenden tabu ist. *Buladjang* – übersetzt: Land der Krankheit – nennen die Eingeborenen diese mystische Region an der Grenze zum Kakadu National Park. Der überlieferten Schöpfungsgeschichte nach jagte das Ahnenwesen Bula über das Land und schuf alles, was sich darauf befindet: Sümpfe, Savannenwald und Felsen. Nach getaner Arbeit legte sich Bula unter der Erde nieder, wo er in seiner Ruhe nicht gestört werden darf, sonst drohen entsetzliche Naturkatastrophen. Seit vielen Jahrtausenden wissen die Ureinwohner, dass das Wasser hier giftig und die Nahrung krank machend ist. Den weißen Prospektoren, die zu Beginn des 20. Jhs. ins Land platzten und die hier lebenden Leistenkrokodile als Alligatoren und die Ureinwohner als primitiv bezeichneten, kam das natürlich verdächtig vor. Ohne sich lange mit völkerrechtlichen Grundregeln oder allgemeinem Respekt aufzuhalten, drangen sie in die verbotene Zone vor und stießen auf die reichhaltigsten Uranerzvorkommen der Erde.

Und was hat diese Geschichte mit dem heutigen Australien zu tun, willst du jetzt wissen. Ganz einfach: Sie ist ein kennzeichnendes, oft wiederholtes Beispiel für den krassen Clash zweier Weltsichten, die unterschiedlicher nicht sein könnten und dessen Kollateralschäden sich bis in die Gegenwart ziehen.

Dass ausgerechnet ein uralter Volksstamm, dessen Lebensweise in Zigtausenden von Jahren nur geringfüge Spuren auf Mutter Erde hinterlassen hat, Hüter eines Minerals ist, das in der westlichen Welt nicht nur eine neue industrielle Revolution entfachte, sondern auch zur Entwicklung von verheerenden Kriegswaffen führte, zählt wohl zu einer der unglücklichsten Ironien der Menschheitsgeschichte. Der Umgang mit Aborgines und das Nebeneinander der Kulturen bleibt bis heute äußerst schwierig.

GRAUE NOMADEN

Die Aussies sind begeisterte Camper. Das hat Tradition: Schon die Pioniere zogen mit einem *swag*, einem voluminösen Schlafsack, durchs Land. Auch heute noch packen die Australier am Wochenende Kind und Kegel ein, um sich irgendwo in der Wildnis ein kurzfristiges Zuhause aus Leinen und Zeltstangen aufzubauen. In den Schulferien musst du damit rechnen, mit Heerscharen von australischen Familien um den Campingplatz zu konkurrieren. Ach, und dann wären da noch die *grey nomads*, bei denen Camping nicht nur Freizeitspaß, sondern Lebensphilosophie ist. Die reiselustigen Rentner tauschen nicht selten ihr Eigenheim gegen Caravan oder Wohnmobil, um den Kontinent im Jahreszeitenrhythmus zu umrunden. Psst … die fortgeschrittenen Globetrotter

Manche *campgrounds* sind nicht nur bei Zweibeinern beliebt …

sind eine unerschöpfliche Quelle an Insidertipps für Traveller.

DAS GROSSE KRABBELN

Von all den eigenartigen, putzig bis haarsträubenden Geschöpfen des australischen Tierreichs schenken Besucher keinem so große Aufmerksamkeit wie der Spinne. Wie gefährlich ist sie also wirklich? Tatsächlich gibt es einige Vertreter der Krabbelwelt, dessen Gift auch für Menschen tödlich sein kann. Zu diesen gehören die um Sydney angesiedelte Trichterspinne *(funnel-web spider)* und die in ganz Australien anzutreffende, harmlos aussehende Rotrückenspinne *(redback spider)*. Die gute Nachricht: Mit der Einführung von Gegengiften in den frühen 1980er-Jahren sank die Zahl der Todesfälle durch Spinnenbiss auf null. Wichtig ist, rasch ärztliche Hilfe aufzusuchen. Bei Buschwanderungen solltest du besonders aufmerksam sein. Mit dem Gesicht vorweg in ein zielscheibengroßes, fadendickes Spinnennetz zu laufen ist in etwa so gruselig, wie überraschend einen Fallschirm übergeworfen zu bekommen – nur unangenehmer. Medizinisch gesehen bist du auf der sicheren Seite, aber die Würde bewahren musst du schon selbst!

BLOSS NICHT ZU SEHR ANPASSEN!

Fast die Hälfte der Australier ist entweder selbst eingewandert oder hat mindestens einen Elternteil, der in einem anderen Land geboren ist. In europäischen Köpfen gehen bei solchen Zahlen schon mal die Alarmglocken an. In

Das wundersame Schnabeltier gab Naturforschern einst allerlei Rätsel auf

Australien aber ist multikulti kein Hype, sondern offizielles Glaubensbekenntnis der Regierung. Diese fordert Einwanderer explizit dazu auf, ihre kulturellen und sprachlichen Eigenheiten zu bewahren, denn dies sei der Kern der nationalen Identität. Neuankömmlingen wird keine fremde Kultur übergestülpt, sondern sie werden gefragt, was sie mitbringen, um Australien zu bereichern. Kann das funktionieren, fragen wir Europäer da vorsichtig. Mach dir im multikulturellen Melbourne dein eigenes Bild davon.

Bis 2050 will Australien seine Einwohnerzahl von derzeit 25 Mio. übrigens durch Einwanderung verdoppeln. Allerdings gehen die Behörden bei der Auswahl von Einwanderern äußerst selektiv vor, und die Einwanderungskriterien wurden 2017 deutlich verschärft. Wie sich diese politische Neuorientierung in Sachen Einwanderungspolitik auf die Gesellschaft auswirken wird, bleibt abzuwarten.

TIERISCH KURIOS

Bären, die in Astgabeln den Tag verschlafen. Beuteltiere, die wie auf Sprungfedern durch die Landschaft hüpfen. Münzgroße Insekten, deren giftiger Biss ein Pferd zu Fall bringen kann. Der Schöpfer muss in alberner Stimmung gewesen sein, als er sich der australischen Tierwelt zuwandte. Kannst du dir vorstellen, wie das alles auf die frühen Siedler gewirkt haben muss? Hier nur ein Beispiel:

Das Schnabeltier *(platypus)* gab den ersten Naturforschern down under besonders knifflige Rätsel auf. So verdutzt blickten sie auf das seltsame Geschöpf im Wasser, dass manche es sogar für eine Fälschung – einen Scherz eines geschickten Präparators – hielten. Es glich grob einem platt gedrückten Biber mit Entenschnabel. Weitaus mysteriöser als sein Äußeres aber war sein Fortpflanzungsverhalten. 90 Jahre vergingen, bis ein schottischer Biologe endlich ein unglückliches Weibchen erlegte, in dessen Gebärmutter sich ein ungelegtes Ei befand. Zum ersten Mal war die Existenz eierlegender Säugetiere – auch etwas unglücklich als Kloakentiere bezeichnet – nachgewiesen. Und Australien hatte die geordnete Welt der Europäer mal wieder gewaltig auf den Kopf gestellt.

Heute macht der Klimawandel den australischen Tieren zu schaffen. Die Bramble-Cay-Mosaikschwanzratte, die nur auf der gleichnamigen kleinen Insel im Norden des Great Barrier Reef vorkam, wird als erstes Säugetier geführt, das der Klimawandel zum Aussterben gebracht hat.

GRÜNE BEWEGUNGEN AUF DEM ROTEN KONTINENT

In Sachen Umweltschutz stehen sich in Australien mindestens so starke Kontraste gegenüber wie in der Umwelt selbst. Die ersten Siedler kannten wenig Zurückhaltung im Umgang mit der Natur. Man kann es ihnen nachsehen: Die meisten von ihnen waren als Sträflinge unfreiwillig hier. Ihr einziges Ziel war es, sich in dieser unerbittlichen Landschaft eine erträgliche Lebensgrundlage zu schaffen. Aber selbst als schiere Überlebensnot längst in Wohlstand übergegangen war, fielen die Bäume weiter. Bis heute rattern die Bagger auch in Schutzgebieten auf der Suche nach ertragreichen Bodenschätzen. Daran

KLISCHEE KISTE

NICHTS ALS WILDNIS UND WÜSTE

Zugegeben: Die Zahlen tun wenig dafür, dieses Klischee zu widerlegen. Siebzig Prozent des australischen Kontinents sind entweder arid oder semiarid, also ganz schön trocken. Aber das Leben spielt sich andernorts ab: Über achtzig Prozent der Australier leben in den städtischen Zentren weniger als 100 km von der Küste entfernt. Die Städte sind größtenteils so modern oder sogar futuristisch wie Manhattan oder Dubai. Wer sich eher nach einem Reiseerlebnis à la Crocodile Dundee sehnt, der muss natürlich den Abstecher ins Outback wagen.

AUSSIES TRINKEN FOSTERS

Na ja, vielleicht ein paar: Wenn sie Urlaub in Europa machen und so verblüfft vor diesem angeblich uraustralischen Gebräu stehen, dass der Kellner ihr verwundertes Interesse an dieser Biermarke als Bestellung interpretiert. Am liebsten kippen die Australier ein (oder viele) Carlton Draught, XXXX oder Victoria Bitter. Immer beliebter werden die *craft beers* aus den unzähligen *microbreweries*, die sich über das ganze Land verteilen. Versuch doch bei Gelegenheit z. B. mal ein Balter XPA, Fat Yak oder 4 Pines.

konnten auch die ersten Umweltaktivisten, die sich hier früher politisch organisierten als irgendwo sonst auf der Welt, nichts ändern.

Die Folgen des Klimawandels bekommen die Australier mit voller Wucht zu spüren: Wirbelstürme und anhaltende Unwetter verwüsten und überfluten immer wieder Regionen in Queensland, weiter südlich fürchtet man verheerende Buschbrände während der langen, heißen Dürreperioden. Und spätestens seit das Great Barrier Reef die schlimmste Korallenbleiche seiner Geschichte erlebte (s. S. 97), setzt auch in der breiteren Gesellschaft ein Umdenken ein.

TYPISCH AUSSIE

Eine sehr liebenswerte Eigenschaft aus den Pioniertagen konnte in die Neuzeit hinübergerettet werden: Schier grenzenlos ist die Hilfsbereitschaft der Australier, ganz gleich, ob bei einer Reifenpanne im Outback oder Orientierungsverlust in Sydney oder Melbourne. Da werden Termine verschoben, um schnell den Pneu montieren zu können, da werden Karten organisiert, Routen erklärt, und das alles mit einer Geduld und Freundlichkeit, über die Europäer nur staunen können. In solchen Momenten erfährt man, wie groß der Zusammenhalt noch immer ist und dass Solidarität zumindest innerhalb des weißen Australiens zu den Grundwerten gehört.

Auf Arroganz und Anmaßung reagieren Australier dagegen empfindlich. *Tall poppy syndrome* nennen sie es, wenn Prominente zu viel Wirbel um die eigene Person machen – sei es durch eine aufgeregte Schar von Leibwächtern, sei es, etwa in der Politik, durch zu große Distanz vom Volk. Abgehobene Großkopferte, also *tall poppies*, muss man nach Meinung vieler wieder auf den Boden der Tatsachen zurückbringen.

GOD SAVE THE QUEEN

Höchstes australisches Staatsoberhaupt ist bis heute die englische Königin Elizabeth II. Diese ernennt auf Vorschlag der australischen Regierung einen Generalgouverneur als ihren Vertreter vor Ort. Und der gibt dann den Ministern den Segen, die ihm vom Premierminister vorgeschlagen werden. Ganz schön kompliziert und veraltet, denkst du? Eine Volksabstimmung 1999 ergab überraschend, dass die Australier lieber der Krone treu bleiben, als eine eigene Republik zu werden. Nichtsdestotrotz lodern immer wieder republikanische Bestrebungen auf, und es ist nicht ausgeschlossen, dass Australien seine Position zur britischen Krone in naher Zukunft mit einem neuen Referendum hinterfragen wird.

EIN RENNEN LEGT DIE NATION LAHM

Wenn du am ersten Dienstag im November um kurz vor 15 Uhr ahnungslos im Bus durch Australien zuckelst, solltest du dich nicht wundern, wenn der Fahrer plötzlich links ranfährt, die Handbremse zieht und wortlos in der Kneipe an der Straßenecke verschwindet. Oder wenn die Kasse im Minimarkt nebenan minutenlang unbesetzt bleibt. Die Straße ist auf einmal wie leer gefegt – wo sind denn bloß die Menschen hin? Es ist Melbourne Cup Day! Und das prestigeträchtigste Pferderennen Australiens beschreibt sich nicht umsonst als „the race that stops the nation".

Kein anderer Tag vereint die australische Nation wie dieser: der Tag, an dem das Land innehält – um kollektiv den Wettzettel auszufüllen. Etwa 80 Prozent der erwachsenen Bevölkerung Australiens setzen ihr Geld dann auf mindestens ein Pferd, womit der Cup längst über die Grenzen wahrer Rennsport-Gurus hinausgewachsen ist. Es gehört geradezu zum Charme des Events, dass so manch ein ambitionierter Spekulant, der Leistung und Form der Pferde über Monate hinweg studiert hat, verärgert seinen Wettbeleg zerreißt, während sich die beschwipste Dame daneben darüber amüsiert, dass sie den Gewinner nur deshalb getippt hat, weil sie seinen Namen auch nach zwei Flaschen Champagner noch aussprechen konnte. Im Bundesstaat Victoria ist der Melbourne Cup sogar offizieller Feiertag.

FLIEGENDE ÄRZTE

Der weltweit erste ärztliche Notfalldienst aus der Luft begann 1928 als *Australian Aerial Medical Service* in der kleinen Stadt Cloncurry in Queensland, nachdem der Presbyterianerpriester John Flynn das Elend der Outbackbewohner gesehen hatte. Weit von ärztlicher Hilfe entfernt starben Menschen an den Folgen von Verletzungen und Krankheiten, die in den Städten leicht zu behandeln gewesen wären. Heute verfügt der *Royal Flying Doctor Service (RFDS)* über 21 Basisstationen, von denen aus ein Gebiet von 7,3 Mio. km^2 versorgt wird, eine Fläche etwa 21-mal so groß wie Deutschland.

Geburt oder Unfall? Die Flying Doctors auf dem Weg zu einem Einsatz im Outback

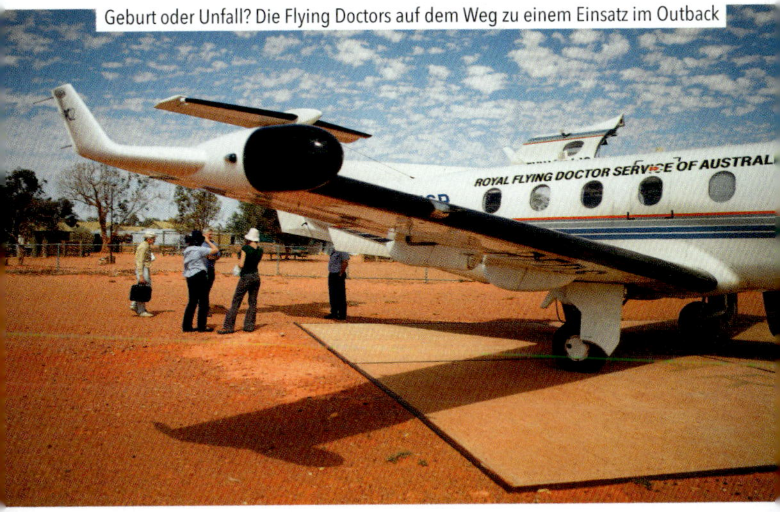

ESSEN SHOPPEN SPORT

„Kantine“ auf Australisch: frisch zubereitetes *fusion food*

TEEN

ESSEN & TRINKEN

In Baumrinde gegartes Barramundifilet, marokkanisch gewürzte Kängurumedaillons, Pizza mit Krokodilfleisch. Und dazu ein *craft beer* oder einen Sauvignon Blanc von der örtlichen Weinkellerei. Australien ist ein Paradies für die Liebhaber einer frischen, leichten und abwechslungsreichen Küche.

FRÜHER GOURMETWÜSTE …

Noch Ende des 20. Jhs. war Australiens Kochkultur Gourmets ein echter Dorn im Auge – oder besser gesagt in der Zunge. Das Restaurant an der Ecke bot genau das gleiche zu lang gebratene Steak mit lieblos dazugeklatschtem Gemüse wie das Pub gegenüber. Brot kam grundsätzlich in Plastikpackungen und ließ sich mühelos auf wenige Zentimeter zusammendrücken. Bier gab's nur aus industriellen Brauereien, die mehr Wert auf Quantität als Qualität zu legen schienen.

… HEUTE KULINARISCHER SCHMELZTIEGEL

Doch der Spuk ist vorbei. Nein, viel besser noch: Er hat sich ins Gegenteil gewendet. Heute bietet Australien ein kulinarisches Erlebnis, durch das man sich selbst als Einheimischer niemals ganz durchschlemmen kann.

Zu verdanken ist das den unzähligen Einwanderern aus aller Welt, die sich hier in den letzten Jahrzehnten niederließen und auf das schwache kulinarische Angebot mit einer Kombination aus Heimweh und Inspiration reagierten. Zunächst entstanden komplette Stadtviertel, die sich z. B. gänzlich der italienischen oder chinesischen Küche verschrieben. Schnell mischten sich neue Küchen dazwischen, und heute wird Yam Cha neben dem Fish-&-Chips-Laden angeboten, während weiter die Straße hinunter frische Falafeln zubereitet werden oder vietnamesischer Pho brodelt.

Gegrillter Fisch mit *coleslaw* und zum Dessert eine *pavlova*

FUSION FOOD

INSIDER-TIPP
Einmal Multikulti, bitte!

Heute versammeln sich die Spezialitäten von Spanien bis Schanghai und von Sibirien bis Samoa nicht nur in einem Straßenzug, sondern teilweise sogar auf einem Teller. Hattest du schon mal Schweinebauch mit Austernsauce? Französische Jakobsmuscheln zu vietnamesischen Krautsalat? Oder wie wär's mit marokkanisch gewürzten Kängurumedaillons? Als Fusionsküche *(fusion food)* wird dieser Trend bezeichnet, der die unterschiedlichsten Esskulturen und Kochkünste in einem Gericht vereint. Nirgends kannst du die gelungenen Mischungen besser verkosten als in Melbourne und Sydney.

MARKTTAG

Der Besuch auf einem der alten Märkte wie dem Central Market in Adelaide oder dem Queen Victoria Market in Melbourne sollte unbedingt auf deinem Reiseplan stehen. Hier findest du ein überwältigendes Angebot an frischen Salaten, exotischen Gemüsesorten und herrlichem Obst. Das meiste kommt aus Australien – saftige Mangos, süße Ananas, Bananen und Kokosnüsse aus dem tropischen Norden, aromatische Pfirsiche, Passionsfrüchte, Melonen, Litschis und Zitrusfrüchte aus Victoria und New South Wales, Äpfel und Birnen aus Tasmanien. Hinzu kommen asiatische Blattgemüse, zarte Brokkolini, Avocados, süße Kartoffeln und eine Riesenauswahl frischer Kräuter und Gewürze. Dazu gibt es Fleisch von frei grasenden Rindern und Schafen – oder von Kängurus, Emus und Krokodilen. Die großen Fischmärkte bieten den Reichtum der Meere, Flüsse und Seen: Da liegen weißfleischige, saftige Barramundi aus den nördlichen Gewässern und

Steht bei Kennern hoch im Kurs: Wein aus dem Barossa Valley

John-Dory-Filets aus der Tiefe der See neben frischem Thunfisch, orangerotem Lachs, köstlichen Riesenkrabben, Austern und anderen Muscheln.

UREINWOHNERKOST

Die Essenskultur der Aborigines blieb mit unserer westlichen Küche lange Zeit unvereinbar, schon allein deshalb, weil sich die Ureinwohner traditionell nur von dem ernähren, was ihnen die freie Natur zur Verfügung stellt. Ackerbau und Konservierung sind mit ihrer Lebensphilosophie völlig unvereinbar.

Einige Restaurants sind heute darum bemüht, die indigenen Kochgewohnheiten zu neuem Leben zu erwecken: So wird der Barramundi hier in Baumrinde gegart, Kängurufleisch auf Holzkohle gebraten und Gewürze und Zutaten wie Wassernüsse in der Wildnis gesammelt *(forage food)*.

EDLE TROPFEN

Die viel gezapften Biere der großen Brauereien hinken europäischen Sorten in Geschmack und Würze etwas hinterher. Das gilt allerdings nicht für die teils exzellenten Biere diverser kleiner Boutiquebrauereien. Bestens sind australische Weine: erdige, trockene rote, frische weiße – sie zählen zur Weltklasse. Deutsche und italienische Auswanderer brachten die ersten guten Weinreben mit nach Australien; heute werden australische Weine in die ganze Welt exportiert.

KAFFEE VOM FEINSTEN

Vor allem die Aussies in den Großstädten schätzen ein gutes Tässchen Kaffee. Den italienischen Einwanderern sei Dank, die schon früh ihre Espressomaschinen aus der Heimat importiert hatten. Inzwischen haben die Aussies ihre ganz eigene Kaffeekultur entwickelt. Wer einen *short black* bestellt, erhält einen einfachen Espresso. *Long black* meint zwei Drittel Wasser auf ein Drittel Espresso. Und ausgesprochen populär ist der *flat white:* Ein Drittel Espresso wird mit zwei Dritteln heißer, jedoch keinesfalls aufgeschäumter Milch aufgefüllt, also nicht zu verwechseln mit *latte* (Milchkaffee) oder Cappuccino.

Unsere Empfehlung heute

Vorspeisen

BARBECUED PRAWNS
Marinierte gegrillte Riesenkrabben

CRAB SALAD
Gekochte Krabben auf frischem Salat

GARLIC BREAD
Frisches Sauerteigbrot in Knoblauchrahm

Hauptgerichte

BARRAMUNDI FILLETS WITH MACADAMIANUTS
Mit gehackten Macadamianüssen panierter Barramundi, dazu Salat

KANGAROOBURGER WITH BEETROOT
Kängurufleisch im Hamburgerbrötchen mit Roter Bete

LEG OF LAMB WITH ROASTED VEGIES
Mit Knoblauch, Rosmarin und Honig gewürzte Lammkeule aus dem Ofen und Gemüse

CROCODILE PIZZA
wahlweise auch mit Känguru- oder Emufleisch

Desserts

PAVLOVA
Eiweißmeringue mit frischer Sahne und Beeren, Pfirsichen, Kiwis und Passionsfrüchten

LAMINGTON
Weicher Biskuitkuchen in Schokolade gewendet und mit Kokosflocken besprenkelt

ANZAC BISCUIT
Haferkeks mit Zuckerrübensirup

TIM TAM
Australiens beliebtester Schokokeks

Getränke

CRAFT BEER
Ein frisch Gebrautes aus einer *microbrewery*

SAUVIGNON BLANC
Aus dem Hunter Valley

SHIRAZ
Aus dem Barossa Valley

FLAT WHITE
Espresso mit heißer, ungeschäumter Milch

SHOPPEN & STÖBERN

TRAUMZEITANDENKEN

Um Bumerangs, *clap sticks* oder Didgeridoos zu finden, musst du in den australischen Städten und touristischen Zentren nicht lange suchen. Überall bieten Souvenirläden Kunsthandwerk der Aborigines. Sei aber gewarnt: Allzu oft stammt diese Ware aus Massenproduktion, bei der meist kein einziger Ureinwohner die Hand im Spiel gehabt hat. Aber wie unterscheidest du als Laie echte Handarbeit der Ureinwohner von den oft in Asien produzierten Kopien? Halt dich bei der Suche am besten an die Aboriginal Art Galleries, Cultural Centres oder Community Art Centres. Achte zudem auf das „Label of Authenticity", dessen Registrierungsnummer den jeweiligen Künstler ausweist. Und: Kleine Werkstätten im Outback bieten in der Regel die authentischsten Souvenirs.

INSIDER-TIPP
Original statt Fake

GLÄNZENDE KLUNKER

Bei Broome im Norden von Western Australia werden edle Zuchtperlen in den Küstengewässern geerntet, während im Innern des Kontinents wertvolle Saphire und Opale geschürft werden. Die besten Preise für Edelsteine gibt es vor Ort, für Opale z. B. in Coober Pedy (South Australia) und Lightning Ridge (New South Wales), für Saphire in den Central Highlands (Queensland). Die Juweliergeschäfte in den großen Städten halten mit aparten Fassungen dagegen. Wer sich traut, kauft einen ungeschliffenen Stein oder eine ungefasste Perle und lässt die Kostbarkeit daheim beim Goldschmied des Vertrauens in modische Form bringen.

ZWEITE HAUT

Bekanntlich gibt es kein schlechtes Wetter, nur unpassende Kleidung. Nicht dazu zählt der *akubra* („Kopfbe-

Mitbringsel, mit denen du auch zu Hause noch Spaß hast: Didgeridoo und Allwetterhut

deckung" in der Sprache der Aborigines), der traditionelle Hut, der aus feinsten Kaninchenhaaren gepresst wird. Die breitkrempige Kopfbedeckung schützt vor sengender Sonne ebenso wie vor Regengüssen und Sandstürmen; am besten legst du dir also gleich am Anfang der Reise einen zu. Du bekommst ihn in vielen Formen, am besten in Hutläden oder bei Outdoorausstattern wie R.M. Williams, Ray's Outdoors oder Kathmandu. Hochwertige *akubras* – und nur die sind australientauglich – haben allerdings ihren Preis. Das Gleiche gilt für *drizabones*, wie die gewachsten Mäntel genannt werden, mit denen die Viehhirten im Outback der Witterung trotzen. Oder für knöchelhohe Lederboots, in denen die Füße in unwegsamem Terrain bestens aufgehoben sind. Die letzteren beiden neigen aber dazu, dein Koffergewicht in unzulässige Höhen schnellen zu lassen.

GROSCHENHALTER VOM KROKO

Gürtel, Taschen, Geldbörsen oder Stiefel: Produkte der in Farmen gezüchteten Krokodile machen beim heimatlichen Zoll keine Probleme, wenn man entsprechende Zertifikate vorweisen kann. Die Ausfuhr von Känguru- oder Possumfellen ist ebenfalls erlaubt. Ganz im Gegensatz zu Korallen oder geschützten Muschelarten, die als Mitbringsel tabu sind.

BEREIT FÜR DIE WELLE

Dich zieht es in die Wellen? An praktisch jeder Küste, die zum Wellenreiten taugt, findest du Surfshops und -schulen, die nicht nur Kurse anbieten, sondern auch die komplette Ausrüstung (Bretter und Neoprenanzüge) verleihen und verkaufen. Zu den beliebtesten Herstellern zählen Quicksilver, Billabong und Hurley. Günstigere Bretter und Kleidung findest du z.B. in den Anaconda-Outdoorgeschäften.

SPORT

Sport ist auf dem australischen Kontinent mehr Lebenseinstellung als Freizeitbeschäftigung. Am besten verbindet man Sport mit reinem Naturerlebnis – Möglichkeiten gibt es viele: An den endlosen Küsten kannst du schwimmen, surfen, segeln, Kajak fahren oder tauchen, in den Bergen klettern oder gar Ski fahren. Die vielen Nationalparks bieten endlose Wandermöglichkeiten, von kurzen Spaziergängen bis zu Mehrtagestouren. Auch Extremsportler kommen auf ihre Kosten, z. B. beim Surfen oder Kitesurfen.

KANU & KAJAK

Die Küsten Australiens, die Flüsse Tasmaniens oder der Snowy Mountains sind für *sea kayaking,* Kanufahrten und Rafting ideal. In vielen Küstenorten oder in der Nähe der Nationalparks gibt es Veranstalter, die Kanus, Kajaks und Ausrüstung verleihen oder geführte Touren anbieten. *World Expeditions (worldexpeditions.com.au)* veranstalten eintägige bis zweiwöchige Touren *(ca. 3300 A$/6 Tage)* in ganz Australien, die oft *aboriginal communities* miteinbeziehen.

MOUNTAINBIKEN

Während der Kontinent – auch wegen der Entfernungen – für konventionelle Radtouren nur bedingt taugt, empfiehlt er sich vielerorts als Terrain für Mountainbiker. Auf der Whitsunday-Insel South Molle wurde sogar ein 14 km langer Trail präpariert. In den Blue Mountains ist die bergige, 120 km lange Strecke von Glenbrook nach Wentworth eine Herausforderung. 20 Routen skizziert *cycletrails australia.com*, interessanten Lesestoff enthält das „Australian Mountain Bike Magazine" *(ambmag.com.au).* Es gibt viele geführte Touren; *Outback Cycling (Tel. 08 89 52 15 41 | outbackcyc*

Vor Surfer's Paradise türmen sich die Wellen für den perfekten *ride* auf

ling.com) vermietet Fahrräder am Uluru und bietet Touren ab Alice Springs in die MacDonnell Ranges ab 1150 A$/4 Tage.

REITEN

In Australien kann man fast überall reiten: in Parks, auf Rinder- oder Schaffarmen (Ausritte sind Teil vieler *farmstays*), am Strand und durch Regenwald – und im „Reiterhimmel", den Snowy Mountains, z. B. bei *Reynella Rides (3 Tage/4 Nächte ab 1150 A$ | Tel. 02 64 54 23 86 | reynellarides.com.au).*

SEGELN

In allen australischen Küstengroßstädten und in vielen Ferienorten gibt es Segelschulen und -vereine, wo du segeln lernen oder als gewieftes Crewmitglied mitsegeln kannst. Informationen/Preislisten bekommst du bei den örtlichen Visitor-Information-Büros. Im Hafen von Sydney macht das Segeln auch nicht ganz seefesten Crewmitgliedern Spaß. *Sail Australia (Cremorne | Sydney | Tel. 04 18 76 89 06 | sailaustralia.com.au)* vermittelt Segelcharter *(ab 700 A$ für bis zu 7 Personen).* Ein weiteres prachtvolles Segelrevier sind die Whitsunday Islands. Ein renommierter Anbieter für Törns ab Airlie Beach ist z. B. *Pro Sail (Tel. 07 49 46 75 33 | prosail.com.au).* Zwei Tage ab 450 A$.

STAND-UP-PADDLING

Ob auf stillen Seen oder in den Wellen des Pazifiks – Stehpaddeln gehört im ganzen Land zu den beliebtesten Wassersportarten, Tendenz steigend. Immer öfter werden Bretter und Paddel auch verliehen, sodass auch Besucher genüsslich in See stechen können. Wer noch wenig Erfahrung hat, übt sich zunächst auf ruhigen Wassern. *Jervis Bay Stand Up Paddle*

(Mobiltel. 0403 354716 | jervisbay standuppaddle.com.au) bietet Einführungskurse mit anschließender Tour (75 A$/90 Min.).

SURFEN

Surfschulen gibt es an den meisten bewachten Stränden Australiens. *Let's go Surfing (Tel. 02 93446100 | safesurf schools.com.au)* am Strand von Maroubra veranstaltet ausgezeichnete Einführungskurse zum Preis von 69 A$ für zwei Stunden, Surfboard und *wetsuit* inklusive. *Surf & stay* bietet *Mojo Surf (Tel. 02 66395100 | mojosurf.com)* an der Ostküste in Byron Bay an: fünf Tage inklusive Übernachtung, Vollpension, Ausrüstung, Unterricht für 775 A$. Surfies treffen sich an den Stränden der Great Ocean Road, bevorzugt am Bell's Beach, der Gold Coast oder im Süden der Westküste, berüchtigt für brachiale Wogen und deshalb nur etwas für erfahrene Brettsportler. Dagegen sind die Gewässer um Perth für Anfänger ideal. Auch der Strand von Moana im Süden Adelaides ist optimal zum Surfenlernen, z. B. mit *Surf & Sun (surfandsun.com.au)*. Mehr über die Top-Spots unter *surfing-waves.com* und *surfingaustralia.com*.

INSIDER-TIPP
First Surf Lessons

KITESURFEN

Mit seinen unzähligen, oft menschenleeren Stränden ist Australien ein Paradies für Kitesurfer. Je nach Erfahrung und Risikobereitschaft kannst du zwischen windgeschützten oder auch windgepeitschten Spots wählen. Bei

Kitern besonders beliebt sind die Buchten und Strände von Noosaville (Gold Coast), St. Kilda und Brighton (Melbourne), Port Douglas (nördlich von Cairns) sowie Yallingup (südlich von Perth). *surfertoday.com*

TAUCHEN

Das Great Barrier Reef *(divingqueensland.com)* ist allen ein Begriff, daneben gibt es aber viele weitere interessante Tauchplätze. Großartig und weitaus weniger überlaufen ist das Ningaloo Reef in Westaustralien. Schnuppertauchgänge sind eine gute Möglichkeit, um sich mit dieser Sportart vertraut zu machen. Ein fünftägiger Grundkurs am Great Barrier Reef kostet rund 1020 A$, z. B. bei *Pro Dive Cairns (Tel. 07 40315255 | prodivecairns.com)*. Weitere Informationen

Unterwasserbegegnung mit Grüner Meeresschildkröte am Great Barrier Reef

gibt die *PADI (Professional Association of Diving Instructors | padi.com)*.

WANDERN

Die Nationalparks durchziehen viele tolle Wanderwege, die meisten davon sind gut ausgeschildert. Kartenmaterial erhältst du beim örtlichen Informationszentrum. Vor manchen *bushwalks* ist es wichtig, dass man sich beim zuständigen Rangeroffice abmelden und eine Notiz über die geplante Strecke und das voraussichtliche Rückkehrdatum hinterlässt.

Bekannte *bushwalks* sind bei Sydney der *Coast Track* durch den Royal National Park (2 Tage), in Queensland der *K'gari (Fraser Island) Great Walk* (6–8 Tage), auf Tasmanien der *Overland Track* (6 Tage) und der *Three Capes Track* (4 Tage). In South Australia bietet sich der *KI Wilderness Trail* (5 Tage) an sowie Wanderungen durch die Flinders Ranges. In Western Australia sind der *Cape to Cape Track* (5–7 Tage) bei Margaret River und der *Coastal Trail* im Cape Le Grand National Park (1–2 Tage) zu empfehlen.

Australiens Wanderwege sind eigentlich immer sehr gut beschildert und schwer zu verfehlen. Dennoch kommt es immer wieder vor, dass sich Wanderer in der Wildnis verirren – was bei den riesigen Flächen und teilweise intensiven Wetterverhältnissen verheerende Folgen haben kann. Wer wenig Wandererfahrung hat, sollte sich einer geführten Tour anschließen *(worldexpeditions.com.au)*. Allgemeine Infos: *auswalk.com.au, bushwalkingaustralia.org, greatwalksofaustralia.com.au*

DIE REGIONEN IM ÜBERBLICK

PAPUA NEW GUINEA
Arafura Sea
Coral Sea
Tasman Sea
Tauchen am Riff und Seafood schlemmen
Cairns
Finders R.
QUEENSLAND S. 86
Diamantina R.
Surfen lernen oder lieber nach Opalen suchen? Alles drin!
Brisbane
Gold Coast
Lake Eyre
Darling R.
NEW SOUTH WALES S. 54
SYDNEY S. 38
Sydney
CANBERRA
Adelaide
Murray R.
Multikulti zwischen Opernhaus und Surferstränden – die Miss Universe der Weltstädte
VICTORIA S. 70
Melbourne
TASMANIA S. 154
Hobart
Köstlicher Wein und dichter Regenwald auf kleinem Raum

SYDNEY

UNVERSCHÄMT SCHÖN

Keine Stadt kann Besucherempfang so gut wie Sydney: Nach endlos langem Flug steigst du am Circular Quay aus Bahn oder Airport Shuttle, und da liegen sie vor dir: der wimmelnde Hafen, das markante Opernhaus und die Harbour Bridge, von den Einheimischen auch *coat hanger* (Kleiderbügel) genannt. Willkommen in Sydney!

Wie ein überdimensionaler Flickenteppich erstreckt sich Australiens bevölkerungsreichste Metropole rund um den Naturhafen über

Tagsüber eindrucksvoll, nachts atemberaubend: Sydneys Skyline

eine Fläche, die fast 14-mal so groß ist wie Berlin. Langweilig wird dir hier so schnell nicht: Man könnte Monate damit verbringen, die unzähligen hübschen Strandvororte zu entdecken, Museen zu erkunden, Märkte zu durchstöbern, prachtvolle Villen zu bewundern oder sich durch die gastronomischen Highlights zu kosten.
Aber wer hat schon so viel Zeit? Konzentrier dich auf das, was du unbedingt sehen willst, und lass dir Zeit dabei, diese kosmopolitische Schönheitskönigin einfach auf dich wirken zu lassen!

SYDNEY
William Street
Clark Road
Cremorne Road
Carabella Street
Sydney Cove
5 Harbour Bridge
2 Opera House
Opera Kitchen
The Rocks
6
Phillip's Foote
1 Circular Quay
Justice & Police Museum 4
3 Royal Botanic Gardens
Bridge Room
George Street
Kasino The Star
Sea Life Sydney Aquarium 12
King Street
Art Gallery of New South Wales 7
Manta
Harry's Café de Wheels
8 Hyde Park Barracks
Sydney Tower Eye 10
Harris Street
Bambini Trust
13 Kings Cross
9 Australian Museum
11 Darling Harbour
Darlinghurst Road
Head Road
Pier Street
Oxford Street
Wattle Street
George Street
Albion Street
Foveaux Street
Moore Park Road
Oxford Street
Il Baretto
Cleveland Street
Street
Cleveland Street
Regent Street
Redfern Street
Baptist Street
Driver Avenue
South Dowling Street
Anzac Parade
Mitchell Road
Wyndham Street
Elizabeth
Dacey Avenue
1
4
22
36

MARCO POLO HIGHLIGHTS

★ **CIRCULAR QUAY**
Gleich um die Ecke vom Opernhaus schlägt das Herz der Stadt ➤ S. 42

★ **OPERA HOUSE**
Das Kronjuwel der kosmopolitischen Schönheitskönigin Sydney ➤ S. 43

★ **HARBOUR BRIDGE**
Über Stahltreppen und Leitern aufs Wahrzeichen Sydneys ➤ S. 44

★ **THE ROCKS**
Historische Pubs, lebhafte Restaurants und tolle Shops ➤ S. 44

★ **ROYAL BOTANIC GARDENS**
Vorsicht: laut! Vor allem wenn die Fledermäuse in der Dämmerung erwachen ➤ S. 43

★ **DARLING HARBOUR**
Ein Abend in Sydneys Amüsierhafen ➤ S. 47

★ **BLUE MOUNTAINS NAT. PARK**
Wildnis vor den Toren Sydneys ➤ S. 52

Das Justice & Police Museum zeigt dir die dunklen Seiten der Stadtgeschichte

Kultur, Wolkenkratzer und Strände: Sydney ist für viele, Einheimische wie Besucher, die schönste Hafenstadt der Welt. Das weiße Muscheldach der Oper gleißt in der strahlenden Sonne vor den Palmen des botanischen Gartens. Segelboote und Fähren durchschneiden die blauen Wogen des Hafens mit dem stählernen Bogen der Hafenbrücke. Willkommen im Herzen der pulsierenden Fünf-Millionen-Stadt, einer lebhaften, multikulturellen Metropole und Hauptstadt des ältesten australischen Staats New South Wales.

WOHIN ZUERST?

Idealer Ausgangspunkt ist der **Circular Quay** an der **Sydney Cove,** wo sich Bahnhof und Busterminal befinden und die City-Fähren ablegen. Hier bist du mittendrin: vor dir die Oper, hinter dir die Harbour Bridge. Alle Fähren und City-Rail-Züge halten hier. Auto fahren in der Innenstadt ist nicht zu empfehlen.

Sydney ist eine Flächenstadt: Sie zieht sich über 100 km an der Küste entlang und breitet sich fast 70 km in Richtung Inland aus. Der Nahverkehr ist gut ausgebaut, die wichtigsten Sehenswürdigkeiten erreichst du mit dem Explorer Big Bus Sydney *(theaustralianexplorer.com.au).*

SIGHTSEEING

1 CIRCULAR QUAY ★

Der Circular Quay ist die touristische Hauptschlagader der pulsierenden Metropole – täglich strömen von hier aus Millionen Menschen in sämtliche Winkel Sydneys. Reis am besten mit der Fähre an, denn der Blick vom Wasser auf Opernhaus und Harbour Bridge ist sensationell. Du magst es sportlicher? Dann genieß *Sydney Harbour* vom Kajak aus.

INSIDER-TIPP
Paddel durch den Hafen

Sydney Harbour Kayaks (89 A$ | sydneyharbourkayaks.com.au) nimmt dich mit auf eine geführte Kajaktour in einer kleinen Gruppe. Hafenrundfahrten auf der Fähre kannst du mit *Captain Cook Cruises (tgl. 9.30–20 Uhr | ab 45 A$, mit Cocktail 55 A$ | captaincook.com.au)* unternehmen.

2 OPERA HOUSE ★

Das schimmernde Muscheldach des Opernhauses direkt am Hafen ist das Wahrzeichen der Stadt Sydney. Mit dem revolutionären Design des Gebäudes gewann der dänische Architekt Jörn Utzon einen Architektenpreis – und das Recht, die Oper in Sydney zu bauen. Nach sieben Jahren Ärger mit australischen Bürokraten, denen das Projekt zu teuer wurde, gab Utzon auf. Sein Werk wurde erst nach 14 Jahren Bauzeit vollendet – mithilfe einer Lotterie, die das notwendige Geld einbrachte. Utzon soll das fertige Bauwerk übrigens nie gesehen haben. Die Oper beherbergt die Opernbühne, einen Konzertsaal und ein Theater. Auf der *Junior Adventure Tour (Kinder 22 A$, Erwachsene 32 A$)* dürfen die kleinen Besucher ihrem inneren Bühnenstar oder Dirigenten freien Lauf lassen. *Weitere Führungen (auch auf Deutsch) tgl. 9–17 Uhr | 40 A$ | Bennelong Point | sydneyoperahouse.com | Bus/City Rail/Fähre Circular Quay, zu Fuß entlang Circular Quay East | 1–3 h*

3 ROYAL BOTANIC GARDENS ★

Die botanischen Gärten von Sydney liegen an der schönsten Hafenbucht der Stadt – nicht weit vom Opernhaus entfernt. Einst wurden dort die Felder der ersten Farm der Sträflingskolonie bestellt. 1816 wurde der erste Teil des Gartens angelegt mit australischen Bäumen und Pflanzen.

Ein gepflegter Weg führt vom Opernhaus am Wasser entlang bis zu *Lady Macquarie's Chair*, einem in Fels gehauenen Sitz, von dem aus sich ein toller Blick auf Opernhaus und Harbour Bridge bietet. Die heimwehgeplagte Gattin des Gouverneurs Macquarie beobachtete von hier aus die aus der Heimat einlaufenden Schiffe. Interessant: ein kühler Palmenhain mit zahlreichen Flughunden, der Kräutergarten und das Tropenhaus. *Tgl. 7 Uhr bis Sonnenuntergang | rbgsyd.nsw.gov.au | City Rail Circular Quay, Martin Place oder St. James | 1 h*

4 JUSTICE & POLICE MUSEUM

Ein bisschen Grusel gefällig? Dann statte dem Museum rund um Sydneys Gangster und Ganoven im ehemaligen Gebäude der Wasserpolizei einen Besuch ab. Ein restaurierter Schnellgerichtsraum, einige Ausnüchterungszellen und eine Sammlung von Mordwaffen, aber auch Hinterlassenschaften der legendären Ned-Kelly-Gang zählen zu den Highlights. *Sa, So 10–17 Uhr | 12 A$ | Albert Street/Phillip Street | short.travel/aus4 | Bus/City Rail/Fähre Circular Quay | 1 h*

5 HARBOUR BRIDGE ★

Die Harbour Bridge ist für Sydney das, was für New York die Freiheitsstatue ist. Für Generationen von Migranten das lang ersehnte Zeichen, dass ihre Reise ein Ende gefunden hat. Ein Symbol der Freiheit und des Neubeginns. In jüngsten Jahrzehnten ist sie vor allem ein Spielzeug für Abenteuerlustige, die die 1332 Stufen des äußeren Brückenbogens hinaufstapfen. Der *Bridge Climb (ab 303 A$ | 5 Cumberland Street | The Rocks | Tel. 02 82 74 77 77 | bridgeclimb.com)* ist teuer, aber ein Erlebnis, das du nicht vergessen wirst. Vorbuchen!

INSIDER-TIPP
Großer Blick für kleines Geld

Knappes Budget? Eine spektakuläre Aussicht auf Stadt, Hafen und Opernhaus gibt es auch vom *Pylon Lookout (tgl. 10–17 Uhr | 15 A$ | Bridge Stairs | Cumberland Street | The Rocks | pylon lookout.com.au)*. Du erreichst den Pfeiler von The Rocks aus.

6 THE ROCKS ★

Die Rocks am westlichen Ende des Circular Quay sind der älteste Teil Sydneys. 1788 errichteten Sträflinge auf dem felsigen Untergrund die ersten richtigen Bauten der Stadt. Die Sandsteingebäude, die heute den Kai und die engen Pflasterstraßen säumen, stammen vom Anfang oder aus der Mitte des 19. Jhs. In den 1970er-Jahren sollten die historischen Gebäude modernen Wolkenkratzern weichen. Die Bauarbeitergewerkschaft weigerte sich jedoch, die Häuser abzureißen. Damals schickte der Staat die Polizei – heute stehen die Rocks unter Denkmalschutz. Mittlerweile beanspruchen die Touristen das Viertel für sich. Kein Wunder bei der tollen Lage nahe dem Circular Quay und all den Kneipen und Restaurants. Schau mal im *Rocks Discovery Museum (tgl. 10–17 Uhr | Eintritt frei | 2–8 Kendall Lane | 0,5 h)*, vorbei, in dem die Geschichte Australiens nicht erst mit der europäischen Invasion beginnt, und am Wochenende auf dem *Markt in der George Street*. Wer noch mehr erfahren möchte: Täglich um 18 Uhr startet am *Cadman's Cottage (110 George St)* eine

INSIDER-TIPP
Kostenlose Tour

kostenlose, 90-minütige Tour durch die Rocks. Den Tour-Guide erkennst du am grünen T-Shirt. *therocks.com | Bus/City Rail/Fähre Circular Quay*

7 ART GALLERY OF NEW SOUTH WALES

Erstaunlich: 1874 – die Sträflingstransporte liegen gerade mal 30 Jahre zurück und Sydney hat nur 200 000 Einwohner, da eröffnet mittendrin eine respektable Kunstgalerie, bis heute eine der größten Australiens. Besuch unbedingt *Yiribana,* die größte Ausstellung der Aborigines weltweit. *Tgl. 10–17 Uhr | Eintritt frei, kostenlose Führungen auf Anfrage | Art Gallery Road | The Domain | artgallery.nsw.gov.au | Sydney Explorer Bus Stop 7 | 1 h*

INSIDER-TIPP
Ureinwohnerkunst

8 HYDE PARK BARRACKS

Wenn Wände reden könnten, dann hätte dieses alte, von Sträflingen erbaute Gemäuer besonders viel zu erzählen. Erheiterndes dürfte aber wenig darunter sein. Mindestens 50 000 Sträflinge sollen seine trostlosen Tore passiert haben, wurden ausgemustert und zur Arbeit geordert. Mitte des 19. Jhs., als die Sträflingstransporte

Zum Sonnenuntergang besonders schön: der Blick auf Harbour Bridge und Opernhaus

Im Sea Life Aquarium „tauchst" du sicher und trocken unter den Haien durch

eingestellt waren, diente der Bau als Waisenhaus für irische Mädchen, die der großen Hungersnot entkommen waren. Im ergreifenden Museum bleiben ihre Geschichten bis heute lebendig. *Tgl. 10–17 Uhr | 12 A$ | Queens Square/Macquarie Street | short.travel/aus13 | Sydney Explorer Bus Stop 11 | 1 h*

9 AUSTRALIAN MUSEUM

Fleischfressende Riesenkängurus, Monsterwombats und mit messerscharfen Zähnen bewehrte Dinosaurier – Sydneys naturhistorisches Museum gibt dir auf engagierte und oft humorvolle Weise einen Einblick in die frühe Entstehungsgeschichte des australischen Kontinents und der darauf lebenden Menschen und Tiere. *Tgl. 9.30–17 Uhr | 15 A$ | 1 William Street | australianmuseum.net.au | Sydney Explorer Bus Stop 3 | 1 h*

10 SYDNEY TOWER EYE

Sydney ist mit einer Fläche von über 12 000 km² fast 14-mal so groß wie Berlin. Ein Ausmaß, das kaum vorstellbar ist, es sei denn natürlich, du stehst auf der Aussichtsplattform des Sydney Tower Eye in 250 m Höhe und lässt den Blick über das schier endlose Meer aus Wolkenkratzern, Einfamilienhäusern und gepflegten Grünanlagen schweifen. Schön, aber wo bleibt der Kick? Den gibt's auf dem *Skywalk*, einem 45-minütigen Rundgang um den Tower herum – im Freien und auf teilweise gläsernem Untergrund. *Tgl. 9–20 Uhr | Eintritt 29 A$, inkl. Skywalk*

70 A$, online günstiger | Zugang vom Centrepoint Shopping Centre, Level 5 | 100 Market Street | City Rail/Bus St. James | 1 h

11 DARLING HARBOUR ★

Der Legende nach wurde das Hafenufer einst Hungermeile genannt, da ausgezehrte Arbeiter hier täglich um Arbeit buhlten. Hungrig bleibt hier heute keiner mehr, es sei denn, man schafft es, den unzähligen Düften verschiedenster Küchen zu widerstehen. Daneben bietet Darling Harbour Vergnügungen aller Art: u. a. Kasino, IMAX-Kino, Aquarium, Wildlife World sowie Madame Tussauds Wachsfigurenkabinett. Falls du mit Kindern unterwegs bist, solltest du extraviel Zeit für den Wasserspielplatz am südlichen Ende des Hafens einplanen. Denn der lässt die Kleinen so schnell nicht wieder los. *darlingharbour.com | Fähre ab Circular Quay | Sydney Explorer Bus Stop 15, 16 und 17*

12 SEA LIFE SYDNEY AQUARIUM

In Plastiktunneln wanderst du durch den Ozean. Überwältigend: das künstliche Barrier Reef mit tropischen Fischen und klassischer Musik. *Tgl. 9.30–18 Uhr | ab 44 A$, online ab 35 A$ | Aquarium Pier | Darling Harbour | sydneyaquarium.com.au | Fähre Aquarium Pier | Sydney Explorer Bus Stop 19 | 1,5 h*

13 KINGS CROSS

Die Stadtentwicklung hat dem alten Stadtteil Sydneys längst ein unschuldiges Gesicht verliehen, aber die Legenden von seiner rauen Vergangenheit als Rotlichtbezirk leben weiter. Heute ist „The Cross" vor allem Vergnügungszentrum für Sydneysider, die in angesagten Kneipen und Nachtclubs feiern. Aber auch Backpackerunterkünfte und günstige Restaurants haben sich hier angesiedelt. *City Rail T4 Kings Cross*

14 TARONGA ZOO

Mal ehrlich: Brauchen Giraffen diese atemberaubende Aussicht? Vermutlich nicht, sie sorgt aber zweifellos für spektakuläre Bilder: Giraffenhälse im Vorder-, Oper im Hintergrund. Und wenn du's dann schaffst, den Blick abzuwenden, besuch unbedingt auch die Flugshow und die Seelöwen. *Tgl. 9.30–17 Uhr | 46 A$, online 42 A$ | Head Road | Bradleys | taronga.org.au | Fähre ab Circular Quay (kostenlos in Verbindung mit Zooticket) | 2 h*

ESSEN & TRINKEN

Wo Touristen sind, gibt's auch Essen: Am Darling Harbour und Circular Quay dürfte dir kaum lange der Magen knurren, denn hier reiht sich ein Lokal ans andere. Günstiger wird man in Kings Cross oder in den Vororten Glebe, Newtown oder Surry Hills satt. Wenn du Meeresfrüchte magst, versäum nicht, zum Sydney Fish Market (*tgl. 10–17 Uhr | Pyrmont Bridge Road/Bank Street | City Rail Fish Market*) zu gehen und mit frischen Garnelen und Austern einen delikaten Lunch am Wasser zu genießen.

INSIDER-TIPP
Frisch aus dem Wasser

BAMBINI TRUST

Essen und Ambiente vom Feinsten, der Kaffee wird aus Italien eingeflogen; besonders gefragt sind die Steaks und das frische Seafood. Tipp: einen *coffee/latte to go* ordern und im nahen Albert Park genießen. *Mo–Fr ab 7, Sa ab 17.30 Uhr | 185 Elizabeth Street | Tel. 02 92 83 70 98 | www.bambinitrust.com.au | €€€ | City Rail Martin Place*

IL BARETTO

Preisgünstig und doch sehr gut – das kommt bei den Sydneysidern an, weswegen hier zu allen Tageszeiten enormer Betrieb herrscht. Serviert werden Spezialitäten aus Norditalien, aber auch Pasta und Pizzen. *So geschl. | 496 Bourke Street | Tel. 02 93 61 61 63 | €–€€ | Bus 389 Darlinghurst (Stanley Street)*

BRIDGE ROOM

Keine Fine-Dining-Atmosphäre, aber stilvoll und authentisch. Die Spezialität sind ausgefallene Fisch- und Meeresfrüchtegerichte wie *Fraser Island spanner crab* (Krabbenart der australischen Küstengewässer). *Mo geschl., Sa nur abends | 44 Bridge Street | Tel. 02 92 47 70 00 | thebridgeroom.com.au | €€€ | Bus 555 Loftus Street*

HARRY'S CAFÉ DE WHEELS

Typisch Aussie, allerdings nicht gerade eine Adresse für Gourmets: Bei Harry's gibt es seit Jahrzehnten *pies*, die undefinierbaren australischen Fleischtörtchen, in vielen Variationen. *Tgl. ab 8.30 Uhr | Tumbalong Park | Tel. 02 92 11 72 94 | € | City Rail Town Hall*

MANTA

Die Räumlichkeiten sind schlicht – schwarze Holztische, weiße Wände mit wenigen Bildern. Das ist Programm: Die frischen Austern werden ebenso schnörkellos serviert wie der Tintenfisch auf arabische Art. *Tgl. | The Wharf at Woolloomooloo | Cowper Wharf Road | Tel. 02 93 32 38 22 | €€€ | Bus 311 Potts Point*

OPERA KITCHEN

Du denkst jetzt sicher: Touristenfalle. Aber die Burger und asiatischen Speisen sind erstaunlich frisch und ja, die Location direkt unter dem Opernhaus mit Blick auf die Harbour Bridge ist unschlagbar. Zum Sundowner ist die angeschlossene Openairbar sehr beliebt. *Tgl. ab 7.30 Uhr | Lower Concourse Level | Bennelong Point | operakitchen.com.au | €–€€ | Bus/City Rail/Fähre Circular Quay*

PHILLIP'S FOOTE

Klar, ein Aussie-BBQ im Garten guter Freunde ist das Größte. Aber gleich danach kommt Phillip's Foote: Im Hinterhof des alten Pubs grillst du dir dein Steak selbst, dazu gibt's leckere Beilagen von der Salattheke und frisch Gezapftes. *So geschl. | 101 George Street | The Rocks | Tel. 02 92 47 42 57 | phillipsfoote.com.au | Bus/City Rail/Fähre Circular Quay | €€*

INSIDER-TIPP
Australische Grillparty

SHOPPEN

Wenn du's chic magst: Die *Strand Arcade (255 Pitt Street | City Rail Town*

Den passenden Schmuck zum Reiseoutfit findest du auf dem Markt in Paddington

Hall) und das *Queen Victoria Building (455 George Street | City Rail Town Hall)* beherbergen teure Boutiquen, Designergeschäfte und Teesalons.

Schrille Mode bekommst du vor allem an der *King Street (Bus 422 Newtown)* in Newtown und auf der *Glebe Point Road (Bus 433 near Hereford Street)* im Studentenviertel Glebe. Einige australische Topdesigner haben Boutiquen an der *Oxford Street (Bus 333 Darlinghurst Road)* in Paddington. Dort findet samstags rund um die St John's Church auch der populärste *Markt (paddingtonmarkets.com.au)* der Stadt statt. Hier findest du sicher ein paar raffinierte Mitbringsel einheimischer Kunsthandwerker. Aboriginalkunst vom Wandgemälde bis zum Boomerang verkauft *Karlangu Aboriginal Art Centre (47 York Street | karlangu.com | City Rail Wynyard).*

SPORT & SPASS

Die Großstadt kannst du auch zu Fuß gut hinter dir lassen, z. B. auf dem *Federation Cliff Walk,* einem 5 km langen Wanderweg entlang der Küste, von den östlichen Wohnvierteln Dover Heights vorbei an Sandsteinklippen bis zur Watson Bay. Noch mehr? Dann auf zum 6 km langen *Coastal Walk* zwischen Bondi und Coogee, oder genieß den Blick auf dem *North Head Walk* in Manly. *short.travel/aus34*

Sydney ist bekannt für seine schönen, ins Meer gebauten Pools, der älteste ist bereits über 200 Jahre alt. Spring doch mal in den *Bronte Baths* oder im *Cronulla Rock Pool* ins Wasser. Beide sind übrigens kostenlos. Ein großes Fitness- und Wellnessprogramm wird in der City im *Cook+Phillip Park Pool (Mo–Fr 6–22, Sa, So 7–20 Uhr | Eintritt Pool 7,70 A$, Fitness-*

Gut für den Start ins Nachtleben oder einen Absacker: The Lord Nelson

session ca. 20 A$ | William Street | cookandphillip.org.au | City Rail St James) geboten.

STRÄNDE

Die über 30 Strände Sydneys ziehen sich fast 100 km die Küste entlang. *Bondi Beach*, der berühmteste und mittlerweile auf der National Heritage List stehende, ist wie die anderen genannten Strände mit dem Bus zu erreichen *(transportnsw.info)*. *Tamarama*, *Bronte* und *Clovelly Beach* sind weniger turbulent. *Coogee Beach* ist ein hübscher Familienstrand mit Hotels, Restaurants und Cafés. Einige Strände verfügen auch über *Rock Pools*, in denen es sich herrlich relaxen lässt, z. B. in *Maroubra*, wo du anschließend Kaffee im *Pavilion Beachfront (tgl. | Fitzgerald Ave | pavilionbeachfront.com.au)* trinken kannst. Am *Manly Beach* rollen bis zu 1,60 m hohe Wellen heran. Wer kein guter Schwimmer ist, geht ein paar Schritte in südliche Richtung zum geschützten *Shelly Beach*.

BALMORAL BEACH

Wer seine Kleinen nicht der ruppigen Ostküstenbrandung aussetzen will, ist hier richtig. Die Bucht des hübschen Vororts liegt geschützt im Norden des Hafens. Während die Kinder Sandburgen bauen, können die Eltern im *Bathers' Pavilion (tgl. | Tel. 02 99 69 50 50 | batherspavilion.com.au | €€€)* beim Lunch oder einem Kaffee die Aussicht genießen.

AUSGEHEN & FEIERN

BARS & KNEIPEN

Die typischsten Bierschwemmen gibt es in *The Rocks*. Am urigsten sind *The Australian (100 Cumberland Street)*, *The Lord Nelson (19 Kent Street)* mit köstlichem selbst gebrautem Bier und *The Argyle (12 Argyle Street)*. Die *Establishment Bar (248–252 George Street | Bus/City Rail/Fähre Circular Quay)* im Erdgeschoss des gleichnamigen Boutiquehotels gehört zu den Hotspots der Szene. Im ältesten Pub der Stadt, *Fortune of War (137 George Street | Fähre/City Rail Circular Quay)*, wird Donnerstag- bis Sonntagabend oft live Musik gemacht.

DISKOTHEKEN

Die Zentren des Nachtlebens liegen in der *Oxford Street* und den angrenzenden Vierteln *Paddington* und *Kings Cross*. Einige Clubs, die vor allem an Wochenenden bis etwa 5 Uhr geöffnet haben: *Kinselas (383 Bourke Street | Bus 389 near Burton Street); Candys Apartment (22 Bayswater Road | City Rail Kings Cross); Oxford Hotel (134 Oxford Street | Bus 333 Oxford Street, Ecke Darlinghurst Road).*

THE STAR

Spielhöllen genießen in Australien einen hohen Stellenwert– mit beeindruckenden Auswirkungen. Die werden dir spätestens dann klar, wenn du vor dem funkelnden Eingang des Star-Kasinos mit seiner Shoppingmeile stehst. *80 Pyrmont Street | star.com.au | Explorer Bus Stop 15*

OPENAIRKINO

Australier lieben *outdoor cinemas*, die in Sydney an folgenden Stellen ihre Leinwände spannen: *St George Open Air Cinema (Mrs. Macquaries Chair | Jan./Feb. | 38 A$ | stgeorgeopenair.com.au)* im Royal Botanic Garden, *Moonlight Cinema (im Centennial Park | Dez.–März | 19 A$ | moonlight.com.au | City Rail Bondi Junction), Bondi Openair Cinema (Bondi Pavilion | Jan.–März | ab 35 A$ | openaircinemas.com.au)* an der Strandpromenade mit musikalischem Vorprogramm.

THEATER

Company B/Belvoir Street Theatre (25 Belvoir Street | Tel. 02 96 99 34 44 | belvoir.com.au | City Rail Central Station): führendes Theater, das u. a. Mel Gibson hervorbrachte.
Roslyn Packer Theatre Walsh Bay (22 Hickson Road/Millers Point | The Rocks | Tel. 02 92 50 19 99 | roslynpackertheatre.com.au | Bus/City Rail/Fähre Circular Quay)

Immer einsatzbereit an Sydneys Stränden: die *lifeguards* und ihre Rettungsboards

Im *Opera House* (s. S. 43) gibt es auch Comedy, Tanz, Theateraufführungen *(Tickettel. 02 92 50 71 11).*

RUND UM SYDNEY

ROYAL NATIONAL PARK

36 km / 50 Min. von Sydney mit dem Auto

Kaum zu glauben, dass du dich vor den Toren einer Multimillionenstadt befindest. Nach Yellowstone in Kalifornien ist „The Royal" der zweitälteste Nationalpark der Welt – ein prächtiges Naturrefugium etwa halb so groß wie München. Unzählige Wanderwege schlängeln sich durch Buschland und Wälder, zum Ozean hin fallen die Klippen jäh ab. Im *Royal National Park Visitor Centre (2 Lady Carrington Drive | Audley | Tel. 02 95 42 06 48)* erhältst du Auskunft über Wanderwege und andere Aktivitäten. Anreise mit *Cronulla Ferries (cronullaferries.com.au)* nach Bundeena. *Tgl. 7–20.30 Uhr | Nationalparkgebühr 12 A$ pro Auto und Tag | short.travel/aus35 |* *J6*

BLUE MOUNTAINS NATIONAL PARK ★

120 km / 2 Std. von Sydney mit Zug und Bus

Westlich von Sydney beginnt die Wildnis der Blue Mountains. Die Three Sisters, eine beeindruckende Felsformation in der Nähe des Städtchens Katoomba, haben eine große spirituelle Bedeutung für die Aborigines der Gegend. Vom Echo Point unweit der Three Sisters hast du eine tolle Sicht über die tiefen Schluchten und bewaldeten Bergketten des Nationalparks.

Etwa 1 km entfernt, am Westrand Katoombas, verbindet die *Scenic World (tgl. 9–17 Uhr | 39 A$, Sa, So 43 A$ für den alles umfassenden Unlimited Discovery Pass | scenicworld.com.au)* eine atemberaubende Aussicht mit Nervenkitzel: In der *Scenic Railway* können Wagemutige 415 steile Meter hinab in die Tiefe rasen, mit der *Scenic Skyway*, einer Seilbahn, hoch oben die Schlucht überqueren, in der *Scenic Cableway*, einer weiteren Panorama-Seilbahn, hinab- oder hinauffahren und auf dem *Scenic Walkway* knapp 3 km auf wohlpräparierten Pfaden durch den Regenwald wandern. Infos und Karten bekommst du beim *NPWS Blue Mountains Heritage Centre (Govetts Leap Road | Blackheath | Tel. 02 47 87 88 77 | visitbluemountains.com.au)*. Tagesausflüge unternehmen diverse Busunternehmen ab Sydney. Individuelle Anreise mit dem Zug ab *Central Station (sydneytrains.info)*, von dort bringt dich der Explorer Bus *(explorerbus.com.au)* ab Katoomba zu den meisten Attraktionen. *H6*

PALM BEACH

56 km / 1 Std. 15 Min. von Sydney mit dem Auto

Jetzt aber mal raus aus der Stadt. Eine gute Fahrtstunde nördlich des Zentrums liegt der Vorort Palm Beach auf einer sich ins Meer streckenden Landzunge. Der *Strand* direkt südlich des Barrenjoey Lighthouse ist besonders schön und oft wesentlich weniger überfüllt als die Strände in City-Nähe. Und wenn du schon einmal hier oben bist, schau auch gleich auf einen kurzen *walk* im idyllischen *Ku-ring-gai Chase National Park* vorbei, in dem sich neben (Regen-)Wald auch eine Heidelandschaft ausbreitet. *J6*

HUNTER VALLEY

120 km / 2 Std. von Sydney mit dem Auto

Das Hunter Valley ist das älteste Weinanbaugebiet Australiens mit über 50 ausgezeichneten Weingütern *(winecountry.com.au)*. Sie produzieren feine, fruchtige Weißweine und einige Rotweine (Pinot Noir und Shiraz). In vielen Weingütern findest du erstklassige Restaurants – und luxuriöse Unterkünfte. *H–J6*

SCHÖNER SCHLAFEN IN UND UM SYDNEY

WIE BEI ALTEN FREUNDEN

Du möchtest länger als nur für einen Tagesausflug in den Blue Mountains bleiben? Dann steig im *Lurline House (7 Zi. | 122 Lurline Street | Tel. 02 47 82 46 09 | lurlinehouse.com.au | €€)* im Herzen Katoombas ab. Das steht schon seit 1910 und hat den Charme der alten Tage auf gepflegte Art bewahrt. Du nächtigst in der kleinen, freundlichen Familienpension in einem kuscheligen Himmelbett, und nach dem Aufstehen erwartet dich ein feines Frühstück. Beste Voraussetzungen, um zu Fuß zum Echo Point zu gehen.

FLASHPACKER MIT HAFENBLICK

Zugegeben, mit knappem Budget reisen geht anders. Aber jetzt bist du nun mal in Sydney, und was ist da schon gefragter als der imposante Blick auf Oper und Hafen? Im *Sydney Harbour YHA (106 Zi. | 110 Cumberland Street | Tel. 02 82 72 09 00 | yha.com.au | €€ | Bus/City Rail/Fähre Circular Quay)* kannst du ihn auf der liegestuhlbestückten Dachterrasse genießen. Das Luxushostel bietet Dorms und Doppelzimmer mit Bad, dazu komfortable Gemeinschaftsräume und eine große Küche. Unbedingt frühzeitig reservieren!

NEW SOUTH WALES

VON ALLEM ETWAS

Endlose Strände, Eukalyptuswälder um romantische Seen, einsame Farmen und Rinderstations, subtropische Hitze in den riesigen Nationalparks von der Wüste bis zum Regenwald und Minustemperaturen in den Skigebieten der Snowy Mountains – das alles ist New South Wales.

Der „First State", mit 801 600 km² mehr als doppelt so groß wie Deutschland, ist das älteste und bevölkerungsreichste Bundesland Australiens – aber außerhalb der Fünf-Millionen-Stadt Sydney merkt

Erleb dein grünes Wunder im Regenwald des Dorrigo National Park

man nicht viel davon. An der über 1000 km langen Küste findest du noch reichlich einsame Strände, in den Bergen der Snowy Mountains kannst du tagelang wandern, ohne einem anderen Menschen zu begegnen, und in den Pubs winziger Outbacksiedlungen sind Fremde wie du durchaus noch ein Ereignis. Im Bewusstsein vieler Besucher, die auf dem Flughafen von Sydney landen, überschattet die faszinierende Hauptstadt des Bundesstaats den „Rest" von New South Wales. Dabei ist hier so viel geboten!

NEW SOUTH WALES

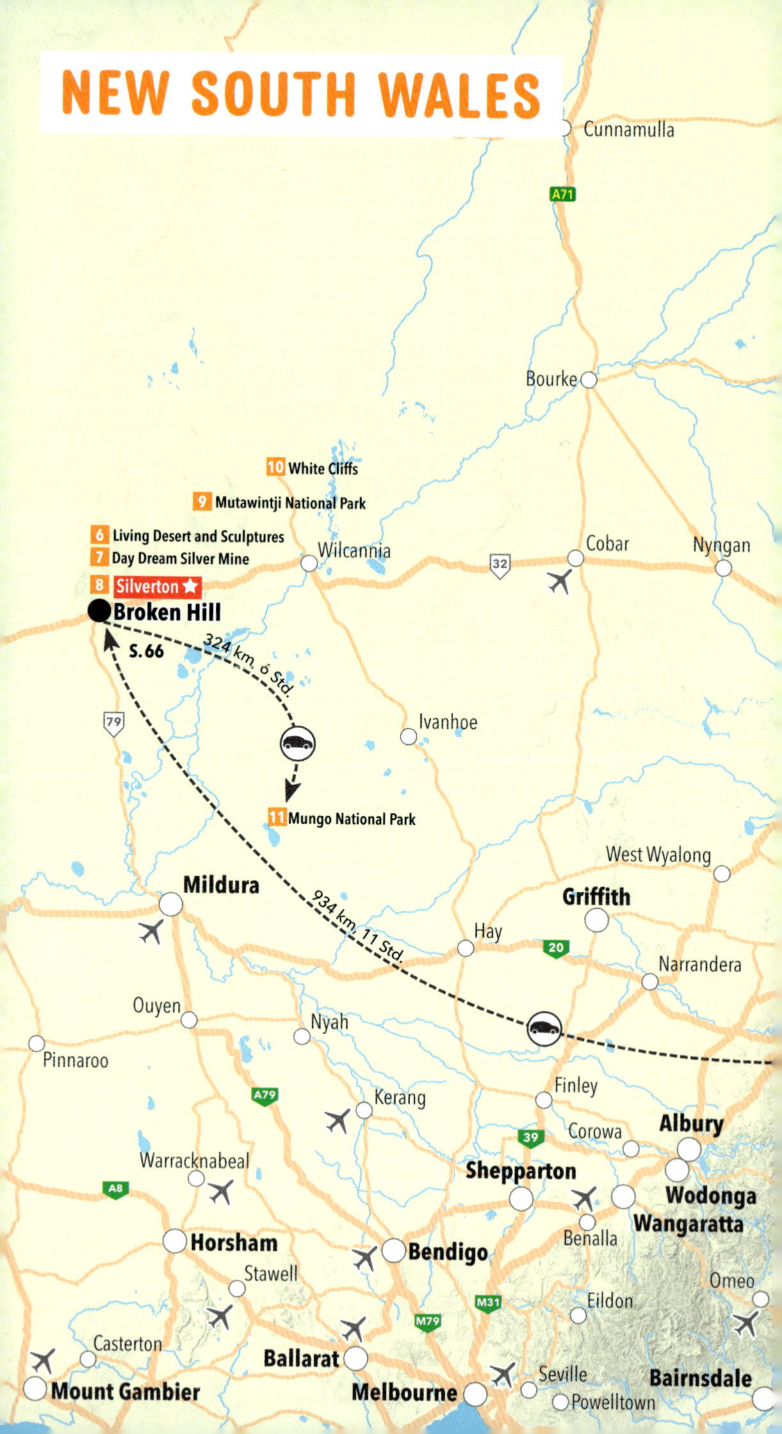

MARCO POLO HIGHLIGHTS

★ **BYRON BAY**
Sonne, Sand, Surfen – was braucht man mehr? ➤ S. 58

★ **KOALA HOSPITAL**
Eine Heilstätte für Australiens kuscheliges Beuteltier ➤ S. 60

★ **SILVERTON**
Wo die Eintönigkeit künstlerische Faszination inspiriert ➤ S. 68

★ **NATIONAL MUSEUM OF AUSTRALIA**
Die zwei Historien Australiens unter einem Dach ➤ S. 64

BYRON BAY

(🕮 J5) Eine Stadt ohne Ampeln – so rühmt sich ★ Byron Bay (9 500 Ew.). Noch ein Grund mehr, hier zu stoppen. Jede Menge Wassersportaktivitäten, das traumhaft schöne Hinterland mit hohen Bergen und Regenwald und eine quirlige Kneipenszene machen Byron Bay zur boomenden Touristenregion.

Auf die perfekte Welle müssen Surfer in der Byron Bay nicht lange warten

Einst tummelten sich hier Rucksackreisende und Aussteiger – doch die haben sich längst nach Nimbin ins Hinterland verzogen. Abends sorgen vor allem jüngere, gut situierte Reisende in der Bay Street so richtig für Stimmung, während tagsüber die autobahnbreiten Traumstrände von Surfern bevölkert werden. Der Badestrand *Main Beach* zieht sich 50 km bis fast an die Gold Coast von Queensland, während *Watego's Beach* ein absoluter Höhepunkt für Surfer ist, die die hohen, lang auslaufenden Wellen mit Delphinen um die Wette abreiten.

SIGHTSEEING

CAPE BYRON

Die von James Cook auf seiner ersten Reise (1768–71) benannte Halbinsel ragt weit ins Meer hinein. Du kannst mit dem Auto bis zum alten Leuchtturm fahren oder dem gut angelegten Wanderpfad vom Aussichtspunkt *Captain Cook Lookout* (3,5 km, die gesamte Rundwanderung dauert etwa 2 Std.) folgen. Von dort hast du eine überwältigende Aussicht auf Watego's

Bay. Im Juni/Juli und von September bis November kann man hier gut Wale beobachten; Delphine tummeln sich das ganze Jahr über im Wasser.

ESSEN & TRINKEN

FINS

Fisch und Fun ist die Devise und der Grund, weshalb die Trendsetter der Stadt den Weg ins 60 km entfernte Kingscliff nicht scheuen. *Tgl. abends, Fr–So auch mittags | 5/6 Bells Blvd. | Salt Village | South Kingscliff | Tel. 02 66 74 48 33 | fins.com.au | €€€*

MISS MARGARITA

Beim Mexikaner ist immer was los. Probier die *jalapeño poppers,* am besten zu einem *passionfruit mojito. Tgl. | 2 Jonson Street | Tel. 02 66 85 68 26 | missmargarita.com.au | €€*

RUND UM BYRON BAY

Das Hinterland von Byron Bay ist faszinierend: Nahe beieinander liegen hier Bananenplantagen, dichter Regenwald und kleine Orte mit einem bunten Gemisch alternativer Läden. Von Byron Bay fährst du am besten zuerst knapp eine Stunde nach *Mullumbimby*, dann über den Highway bis nach *Murwillumbah*. Von da an geht es weiter über schmale, kurvige Straßen bis nach *Uki*, den Hipppieort *Nimbin, Lismore* und in die kleine Künstlerkolonie *Bangalow*.

1 MOUNT WARNING

70 km / 1 Std. von Byron Bay mit dem Auto

Zwischen Murwillumbah und Uki liegt die Abfahrt zum *Mount Warning National Park*. Der *Mount Warning (mtwarning.net)* ist der Rest eines riesigen Vulkans, der vor Millionen von Jahren ausbrach. Zwischen den Lavaformationen entstand eine einmalige Ökonische mit Regenwald und seltener Flora und Fauna. Schwing dich rechtzeitig aus den Federn, denn der Mount Warning ist zur frühen Morgenstunde am schönsten, wenn die Sonne über dem östlichsten Punkt Australiens aufgeht und das Tiefland in ein faszinierendes Licht taucht. Ca. zwei Stunden dauert die Tour. Aber Achtung: Das letzte Stück ist nur etwas für Schwindelfreie. Festes Schuhwerk ist erforderlich. *J5*

INSIDER-TIPP
Rauf auf den Vulkan

PORT MACQUARIE

(J6) **Angesichts der traumhaften Strände ist es kaum vorstellbar, dass dieses idyllische Strandörtchen mal ein Verbannungsort für Wiederholungstäter war.**

„Port" (45 000 Ew.) zählt zu den ältesten Siedlungen in Australien, eine überschaubare Kleinstadt, die sich an den Hasting River schmiegt und viele Wassersportmöglichkeiten bietet. Bade- und Surfstrände ziehen sich kilometerlang vom *Town Beach* und *Ox-*

ley Beach unweit des Stadtzentrums bis zum *Lighthouse Beach* im Süden.

SIGHTSEEING

KOALA HOSPITAL ★

Die größte Tierklinik ihrer Art in Australien wird ehrenamtlich geführt und beherbergt oft mehr als 30 Koalas. Die hier aufgenommenen Beuteltiere wurden z. B. bei Verkehrsunfällen oder Buschbränden verletzt. Sie werden von Tierärzten fachgerecht behandelt, um nach ihrer Gesundung wieder in die freie Wildbahn entlassen zu werden. Fütterung ist um 15 Uhr. Falls du noch nach einem besonderen Mitbringsel suchst: Wie wär's mit einem adoptierten Koala? Na gut, du darfst den Beutelbären nicht wirklich mit auf die Heimreise nehmen, aber erhältst dafür ein Zertifikat mit Bild von deinem Koala (der nach der Behandlung zurück in die Wildnis darf). Deine finanzielle Unterstützung kommt dem Koala Hospital zugute. *Tgl. 8–16.30 Uhr | Eintritt frei, Spenden erwünscht | Lord Street | koalahospital.org.au | 1 h*

INSIDER-TIPP
Adop-tier-t

SEA ACRES RAINFOREST CENTRE

Ein Spaziergang durch den Urwald: Auf einem 1,3 km langen *boardwalk* – dem angeblich längsten Holzweg der Welt – wirst du, teilweise in einer Höhe von bis zu 7 m und somit auf Augenhöhe mit den Baumbewohnern, durch einen unberührten tropischen Regenwald geführt. *Tgl. 9–16.30 Uhr | 9 A$ | Sea Acres Nature Reserve | short.travel/aus7 | 1,5 h*

HASTINGS RIVER

In den Gewässern von Port Macquarie wird ein Gutteil der Austern, die in Australien verkauft werden, gezüchtet. Einige Rundfahrten stoppen an den Austernfarmen, zudem schwimmen das ganze Jahr über Delphine im Wasser, von Juni bis September bekommst du auch Wale vor die Kameralinse. *Port Jet Cruise Adventures (1 Short Street | Town Wharf | Tel. 65 83 88 11 | portjet.com.au)* nimmt dich aufs Boot *(ab 20 A$)*. Oder trau dich doch mal auf den Jetski *(Verleih 110 A$/30 Min.)*!

ESSEN & TRINKEN

PORT FRESH SEAFOODS

Hier bekommst du günstig frische Austern und anderes Seafood. *Mo–Fr 9–17.30, Sa bis 15 Uhr | 5/23–41 Short Street | Tel. 02 65 83 83 48 | portfresh seafoods.com.au*

RUND UM PORT MACQUARIE

2 DORRIGO NATIONAL PARK

175 km / 2 Std. von Port Macquarie mit dem Auto

Einer der schönsten und zugänglichsten Nationalparks von New South Wales liegt 900 m hoch in den Bergen der Great Dividing Range, 180 km nördlich von Port Macquarie. Besonders gut: der 70 m hohe *Skywalk*, ein

Beim Besuch des Koala Hospital wirst auch du zum Tierfotografen – garantiert!

250 m langer Pfad durch die Baumkronen des Regenwalds. Hol dir beim *Dorrigo Rainforest Centre (tgl. 9–17 Uhr | Dome Road | short.travel/aus37)* einen Faltplan ab, in dem alle Wanderwege eingezeichnet sind. Im und um das hübsche historische Städtchen *Bellingen* (3000 Ew.) haben sich zahlreiche Künstler, Kunsthandwerker und alternative Landwirte niedergelassen. Gute Kunstgeschäfte und ein nettes Café gibt es in der *Old Butter Factory (1 Doepel Street | theoldbutterfactory.com.au).* *J5*

BATEMANS BAY

(H7) **Auch Reisende brauchen mal Urlaub! Und wo ginge das besser als in Batemans Bay (16 000 Ew.) an der Südküste?**
Das idyllische Sonnenanbeternest ist die perfekte Ausgangsbasis, um die versteckten Strände, Fischerdörfer und Nationalparks der South Coast zu erforschen.

SIGHTSEEING

MURRAMURANG NATIONAL PARK

Jetzt bist du so richtig down under: ein Zelt unter den Eukalyptusbäumen, endlose, menschenleere Strände und süße Zwergkängurus, die dir mit mehr Neugierde als Scheu gegenübertreten bzw. -springen. Und das nur 20 Fahrtminuten vom Ferienort Batemans Bay entfernt. Der Nationalpark zieht sich an einer spektakulären Küste entlang, an der sich kleine Sandstrände, steile Klippen und mehrere

Höhlen befinden. Wenn du gern wanderst – oder noch besser – Fossilien suchst, kommst du hier voll auf deine Kosten. Am *Pebbly Beach*, einem kleinen, geschützt liegenden Strand im Nationalpark, stehen die Chancen sehr gut, mit den Zwergkängurus Bekanntschaft zu machen.

ESSEN & TRINKEN

STARFISH DELI

Hervorragendes Essen mit noch besserem Ausblick im Fisch- und Pizzarestaurant direkt am Wasser. *Tgl. | Clyde Street | Tel. 02 44 72 48 80 | €€–€€€*

RUND UM BATEMANS BAY

3 JERVIS BAY NATIONAL PARK

115 km / 1,5 Std. von Batemans Bay mit dem Auto

Nördlich von Batemans Bay verbirgt sich diese paradiesische Bucht mit gleißend weißen Stränden, kristallklarem Wasser, Eukalyptuswäldern und Regenwaldnischen. Kängurus, Wallabys und Flughunde sind fast überall zu sehen, und Papageien setzen sich auf die Arme und Schultern derjenigen, die Papageienfutter mitgebracht haben. In der geschützten Bucht leben Delphine und Pinguine. Wenn dir das nicht genug ist, kannst du von Mai bis November auch noch Wale beobachten: *Dolphin Watch Cruises (ab 35 A$, in der Walsaison 65 A$ | 50 Owen Street | Huskisson | Tel. 02 44 41 63 11 | dolphinwatch.com.au).*

INSIDER-TIPP **Schneeweißer Sand**

Jervis Bay rühmt sich übrigens des weißesten Sandstrands nicht nur Australiens, sondern angeblich der Welt: Dem *Hyams Beach* gelang damit sogar der Eintrag ins Guinness-Buch der Rekorde. *H6–7*

4 KIAMA

160 km / 4 Std. von Batemans Bay mit dem Auto

Der hübsche, historische Teil des Städtchens (21 000 Ew.) nördlich von Batemans Bay zieht sich an einer zerklüfteten Felsenküste entlang bis zum *Blowhole*, der besonderen Attraktion von Kiama. Herrscht das richtige Wetter, in der Tat ein echter Hingucker: Bei Südwestwind türmen sich die Wellen vor den Felsen auf, rasen in eine tiefe Seehöhle und steigen in einer bis zu 60 m hohen Fontäne durch ein Loch im Fels empor. *H6*

5 SNOWY MOUNTAINS NATIONAL PARK

317 km / 4 Std. von Batemans Bay mit dem Auto

So gehen Alpen auf Australisch! Die Berge im Hinterland der Südküste werden bisher nur von wenigen ausländischen Touristen besucht. Dabei sind die Snowies nicht nur für Wintersportler attraktiv. Im Sommer kannst du in dem riesigen Nationalpark echte Bergeinsamkeit erleben, wie du sie in Europa vergeblich suchen wirst. Ein Großteil der „australischen Alpen", die

Auch Joggen ist eine Möglichkeit, die Hauptstadt zu entdecken

sich bis nach Victoria ziehen, ist geschützt – in New South Wales im *Mount Kosciuszko National Park*, in Victoria im *Alpine National Park*. Touristische Hauptorte sind *Cooma, Thredbo* und *Jindabyne*.

Ein unvergessliches Erlebnis ist ein mehrtägiger Ritt durch die Randbezirke des Nationalparks mit *Snowy Range Horseback Tours (2 Tage ab 480 A$ | snowyrivertours.com)*. *H7*

CANBERRA

(H7) **Canberra (381 000 Ew.) ist das Ergebnis eines Kompromisses zwischen Sydney und Melbourne, die sich nicht darauf einigen konnten, wer den Status der Hauptstadt erhalten sollte.**

Sie wurde buchstäblich ins Nirgendwo gebaut. *Canberry,* Treffpunkt, nannten die Aborigines die Gegend. Die amerikanischen Architekten Walter Burley Griffin und Marion Mahony Griffin wurden 1912 mit dem Bau der Stadt mit ihrem streng geometrischen Design beauftragt. Canberra nimmt mit Vororten etwa ein Viertel des 2400 km² großen Territoriums der australischen Hauptstadt, des Australian Capital Territory (ACT), ein. Das gehört nicht zum Bundesstaat New South Wales, sondern besitzt eine eigene Verwaltung. Die Hauptstadt hat zwei Herzen: den nördlichen Bereich um den *London Circuit* und den südlichen Bezirk um den *Capital Hill,* auf dem das Parlamentsgebäude thront.

Um dir einen Überblick zu verschaffen, fährst du auf den *Mount Ainslie Lookout*, von wo der Parlamentsbezirk gut zu sehen ist. Übrigens: Nur wenige Minuten vom Regierungsviertel entfernt hat im *Red Hill Nature Reserve* die Natur das Sagen. Hier stößt du nicht selten auf frei lebende Kängurus.

SIGHTSEEING

NATIONAL FILM & SOUND ARCHIVE

Hier liegen wichtige Film- und Tonaufnahmen ab dem späten 19. Jh. archiviert. Neben der Ausstellung gibt es auch einen kleinen Theatersaal, in dem du nicht nur interessante geschichtliche Kurzfilme zu sehen bekommst, sondern auch alte Kino- und TV Klassiker – und das ganz umsonst.
Mo–Do 9–17, Fr 9 20, Sa, So 12–17 Uhr | Eintritt frei | McCoy Circuit, Acton Peninsula | nfsa.gov.au | 1,5 h

NATIONAL MUSEUM OF AUSTRALIA ★

Von Aboriginekultur und australischer Fauna bis hin zum Brotaufstrich Vegemite – das augenfällige Museum hat sich der vielschichtigen Kultur Australiens verschrieben. Die stählernen, verwobenen „Seile" vor dem Museum sollen die unzähligen Geschichten darstellen, die Australien ausmachen.
Tgl. 9–17 Uhr | Eintritt frei | Lawson Crescent | Acton Peninsula | nma.gov.au | 2 h

NATIONAL GALLERY OF AUSTRALIA

Die internationale Kunst aus fünf Jahrtausenden und eine hervorragende Sammlung von teils bis zu 30 000 Jahre alten Aboriginearbeiten darfst du dir auf keinen Fall entgehen lassen.

Keine Achterbahn, sondern eines der „Seile" vor dem National Museum of Australia

Schau dir unbedingt die Ned-Kelly-Kollektion von Sidney Nolan an – ein wichtiges Stück der jüngeren australischen Kunstgeschichte. *Tgl. 10–17 Uhr | Eintritt frei | Parkes Place | nga.gov.au |* ⏲ *1,5 h*

PARLIAMENT HOUSE

Das Parlamentsgebäude ist Sitz der beiden nationalen Parlamente, des Repräsentantenhauses, das im grünen Saal tagt, und des Senats, der im roten Saal zusammentritt. Der 81 m hohe Fahnenmast auf dem Dach ist zum Symbol der Stadt Canberra geworden. Mit Kosten von 1,1 Mrd. A$ ist das 1988 eingeweihte Haus das teuerste je in Australien errichtete Gebäude. Neben der Regierung beherbergt es auch mehr als 3000 Kunstwerke, von denen nicht wenige die öffentlich zugänglichen Räume schmücken. Kostenlose Führungen *(tgl. 9.30, 11, 13, 14, 15.30 Uhr | Tel. 02 62 77 50 85)* kannst du direkt vor Ort buchen oder du fragst nach einem deutschen Audioguide. Ein Besuch ist gerade dann interessant, wenn im Parlament die Fragestunde *(Question Time)* stattfindet. Beschimpfungen und Pöbeleien zwischen Regierung und Opposition sind nicht ungewöhnlich. Auskunft über Sitzungstage auf der Website *aph.gov.au.* ⏲ *1,5 h*

QUESTACON

Ein Muss für (angehende) Naturwissenschaftler und alle, die gern experimentieren und ausprobieren. In dem Wissenschafts- und Technologiezentrum kannst du ein Erdbeben erleben, Blitzeinschläge bewundern oder einen Tsunami auslösen. *Tgl. 9–17 Uhr | 23 $, Kinder 17,50 $ | King Edward Terrace | questacon.edu.au |* ⏲ *2 h*

ESSEN & TRINKEN

AKIBA

Entledige dich der Qual der Wahl und ordre einfach das „Just feed me"-Acht-Gänge-Menü (auch in vegetarischer Variante) mit frisch zubereiteten, asiatischen Kreationen. Bei vielen beliebt, also besser reservieren! *Tgl. | 40 Bunda Street | Tel. 02 61 62 06 02 | akiba.com.au |* €€

BENTSPOKE

Da soll noch mal einer sagen, in Canberra sei nichts los. Im hippen Brauerei-Pub trifft man sich auf ein preisgekröntes Crankshaft und isst dazu hervorragende Salate, Burger und andere *pub meals. Tgl. | 38 Mort Street | Braddon | Tel. 02 62 57 52 20 | bentspokebrewing.com.au |* €€

AUSGEHEN & FEIERN

An der modern bebauten *foreshore* im Stadtteil *Kingston* reihen sich direkt am Wasser Restaurants und Pubs aneinander, sodass du von Drink zu Drink schön am Ufer entlangschlendern kannst. *Braddon* hat sich zum hippen, wenn auch kleinen Ausgehviertel gemausert.

THE DOCK

Tempura-Austern, Litschi-Martinis, Football und Livemusik – das junge Dock am Ufer des Lake Burley Griffin

Beim Aufstieg zum Skulpturenpark kannst du bei Lesepausen verschnaufen

verbindet raue Aussie-Pub-Atmosphäre mit Klasse. *Tgl.* | *7 Giles Street* | *thedockkingston.com.au*

HIPPO CO

Bekannt für die besten Martinis der Stadt. Die Eigentümer haben auch ein Faible für guten Livejazz (mittwochs). Probier unbedingt mal den „Is Ryan Here?", einen fruchtigen Cocktail oder – wenn du was Stärkeres brauchst – den „Barrel Aged Negroni", alles hauseigene Rezepte. *So geschl.* | *17 Garema Place*

BROKEN HILL

(G6) **Die Fahrt über den Highway lässt Broken Hill (17 000 Ew.) wie aus dem Nichts auftauchen: eine städtische Oase in wüstenähnlicher Landschaft.**

Die prosperierende Kleinstadt, über 1100 km von Sydney entfernt, verdankt ihre Existenz einem Farmgehilfen mit Stuttgarter Herkunft: Charles Rasp stieß im Jahre 1883 auf eine Blei-Silber-Zink-Ader, die sich als eine der lukrativsten der Welt erweisen sollte. In dem leicht eingebrochenen Hügel – deshalb der Name Broken Hill – entstand eine der größten Minen, betrieben von der *Broken Hill Proprietary Company (BHP),* die zum weltweit größten Bergbaukonzern heranwuchs. Trotz intensiven Abbaus sind die Vorkommen noch lange nicht erschöpft. Dazu kommen in der *Silver City,* wie sich Broken Hill auch nennt, eine rege Kunstszene und erstaunliche Attraktionen (u. a. eine sehr interessante Flying-Doctor-Basis). Die Uhren ticken hier übrigens anders: Obwohl die Stadt noch zum Bundesstaat New South Wales gehört, liegt sie in der Zeitzone Südaustraliens.

SIGHTSEEING

LINE OF LODE MINERS MEMORIAL

Die Gedenkstätte für die zu Hunderten im Bergwerk umgekommenen Minenarbeiter hat einen würdigen Platz auf dem Federation Hill oberhalb der Stadt gefunden. Genieß die tolle Aussicht und schau auch ins informative Besucherzentrum und Café. *Tgl. 6–21 Uhr | Eintritt frei | 0,5 h*

ESSEN & TRINKEN

BELLS

Die Milchbar im Retrolook hat die 1950er-Jahre überdauert und serviert unbeirrt alkoholfreie Mixgetränke in allen Geschmacksrichtungen, aber auch Eis und Kaffeespezialitäten. *Tgl. 10–17.30 Uhr | 160 Patton Street | im Süden der Stadt | Tel. 08 80 87 53 80*

SHOPPEN

KUNST UND KUNSTHANDWERK

Art galleries und *craft shops* gibt es jede Menge in Broken Hill, und man kann Tage damit verbringen, Ateliers und Ausstellungen zu besuchen. Eine Auflistung der Kunstorte samt Adressen und Kontakten hat das *Visitor Centre (Ecke Blende und Bromide Street | short.travel/aus36)* vorrätig. Typisch sind die grell kolorierten Malereien des „Flying Doctor Artist" Howard W. Steer *(721 William Street | howardsteerart.com.au)*. Die *Pro Hart Gallery (Mo–Sa 9–17 Uhr | 5 A$ | 108 Wyman Street | prohart.com.au)* bewahrt (und verkauft) Werke des einheimischen, 2006 verstorbenen Künstlers Kevin Charles Hart.

RUND UM BROKEN HILL

6 LIVING DESERT AND SCULPTURES

12 km / 16 Min. von Broken Hill mit dem Auto

Der moderne Skulpturenpark liegt draußen in der Wüste, oben auf einem Hügel und weit genug von den Lichtern der Stadt entfernt, um die Farben besonders bei Sonnenuntergang voll zur Entfaltung zu bringen. Vom Parkplatz gelangst du in etwa 20 Minuten hinauf; am Zugang gibt es eine Zahlstelle, wo pro Person 6 A$ (passend) zu entrichten sind. *Tgl. 8.30–20 Uhr | 1 h | G6*

INSIDER-TIPP
Kunst im Zwielicht

7 DAY DREAM SILVER MINE

31 km / 40 Min. von Broken Hill mit dem Auto

Hier steckt so manche Geschichte im Untergrund. Auf der Führung (festes Schuhwerk!) durch die engen und niedrigen Stollen bekommst du einen Eindruck von der harten und gefährli-

Kunst und Kirche: In Silverton sieht das zum Beispiel so aus

chen Arbeit im Bergwerk zum Ende des 19. Jhs., als selbst Kinder unter Tage geschickt wurden. *Touren tgl. 10 und 11.30 Uhr | 32 A$ | auf dem Weg nach Silverton beschilderter Abzweig von der Silverton Road | daydreammine.com.au | 1,5 h | G6*

8 SILVERTON ★

24 km/25 Min. von Broken Hill mit dem Auto

Die bizarre Beinahe-Geisterstadt zeugt vom einstigen Silberabbau im großen Stil. Menschen trifft man hier noch in der urigen Kneipe des *Silverton Hotel (€€)* und dem kleinen Café oder in den sehenswerten Ateliers, die sich eigenwillige Künstler in den verlassenen Häusern eingerichtet haben. Ein Rundgang durch das staubige Terrain sollte auch zum Friedhof mit seinen marmornen Grabsteinen führen. In der Filmszene ist Silverton übrigens ein Begriff, denn die Outbackkulisse fungierte u. a. als Drehort für „Mad Max II" und „Priscilla, Königin der Wüste".

In den 7 km entfernten (ausgeschildert) *Mundi Mundi Plains* blickst du auf einen unvergleichlich weiten Horizont. Man munkelt, dass der Blick hier so weit in die Ferne schweifen kann, dass sogar die Erdkrümmung sichtbar wird. Nun ja, unbestreitbar beeindruckend ist die Aussicht allemal! *G6*

9 MUTAWINTJI NATIONAL PARK

174 km/3 Std. 20 Min. von Broken Hill mit dem Auto

In dem knapp 70 000 ha großen Naturschutzgebiet haben ansässige Aborigines aufschlussreiche Felsmalereien und Gravierungen hinterlassen. Hintergrundinformationen liefert ein *Cultural Centre*. Die Zufahrt erfolgt auf unbefestigter Straße; dein Zelt aufschlagen kannst du auf dem *Homestead Campground (short.travel/aus5)* mit kleinem Kiosk. Empfehlenswert ist ein geführter Tagesausflug im Geländewagen ab Broken Hill mit *Tri State Safaris (230 A$ | tristate.com.au)*. *G5*

10 WHITE CLIFFS

286 km / 3 Std. von Broken Hill mit dem Auto

Nordöstlich von Broken Hill haben Opalsucher die Gegend in eine Mondlandschaft verwandelt. Das Leben findet hier überwiegend im schattig-kühlen Untergrund statt, denn im Sommer klettert das Thermometer schon gern mal über die 40-Grad-Marke. Wie es sich unterirdisch lebt, kannst du ausprobieren: Es gibt Übernachtungsmöglichkeiten in *dugouts*. Originell verarbeiteten Opalschmuck verkauft die deutschstämmige Goldschmiedin *Barbara Gasch (Dugout 142 | Tel. 08 80 91 66 34)*. *G5*

11 MUNGO NATIONAL PARK

324 km / 5 Std. 45 Min. von Broken Hill mit dem Auto

Archäologen zufolge könnte in dem ca. 280 km² großen Nationalpark eine der Wiegen der Menschheit liegen. Die dort gemachten Funde zeugen von längst ausgestorbenen Tieren und frühgeschichtlichen Menschen. Einige Fossilien sollen über 42 000 Jahre alt sein, darunter die Überreste des „Mungo Man", eines der ältesten Zeugnisse des Homo sapiens. Landschaftliche Hauptattraktion sind die *Walls of China*, pittoreske Formationen aus Sand und Ton. Um dort hinzugelangen, musst du allerdings streckenweise die Fahrt auf einer Schotterstraße in Kauf nehmen. Informationen, auch zu geführten Touren und Übernachtungsmöglichkeiten bekommst du unter *Tel. 03 50 21 89 00*; das *Visitor Centre* an der Südwesteinfahrt zum Park ist nur zeitweise besetzt. *G6*

SCHÖNER SCHLAFEN IN NEW SOUTH WALES

NEBEN LÖWEN UND BÄREN

Zugegeben, die Preise haben's in sich, aber so ein Erlebnis wie im Zoo von Canberra bietet sich kein zweites Mal: Du übernachtest in der afrikanisch inspirierten *Jamala Wildlife Lodge (8 Zi. | 999 Lady Denman Drive | Tel. 02 62 87 84 44 | jamalawildlifelodge.com.au | €€€)*, in der dich nur eine Glaswand vom Löwen- oder Bärenrefugium trennt. Touren durch den Zoo, Mahlzeiten und Getränke sind inklusive.

UNTERM STERNENHIMMEL

Tagsüber teilst du dir den Strand mit neugierigen Kängurus, nachts erstrahlt über dir die Milchstraße. Auf dem *Mystery Bay Campground (190 Mystery Bay Road | 16 km südlich von Narooma | Tel. 04 28 62 23 57 | mysterybaycampground.com.au | €)* entrollst du deinen Schlafsack in freier Natur unter Eukalyptusbäumen und dem Sternenhimmel. Und lässt dich von der Meeresbrandung in den Schlaf lullen.

VICTORIA

GOLD, WELLEN UND APOSTEL

Victoria ist Australien kompakt: Anders als in den meisten anderen Staaten bekommst du hier auf relativ wenigen Kilometern (fast) die ganze Vielfalt des Kontinents geboten.

Die Multikulti-Metropole Melbourne ist das Herz des zweitkleinsten Bundesstaats und angeblich – so wollen es diverse Ranglisten – eine der lebenswertesten Städte der Welt. Aber wag dich über die Stadtgrenzen hinaus: in den Grampians Nationalpark mit seinen uralten Felsmalereien, zu den Pinguinen auf Phillip Island und den Wom-

Die Zwölf Apostel: eine Formation aus inzwischen nur noch acht Felsen

bats im Wilsons Promontory Nationalpark und natürlich auf die berühmteste Küstenstraße der Welt, die Great Ocean Road.
In Victoria gibt es alles: raue Felsküsten, weite Surfstrände, Sümpfe, landwirtschaftliche Gebiete, schneebedeckte Berge und tiefe Wüste. 1850 wurde in Victoria Gold entdeckt. Zehntausende Menschen strömten daraufhin nach Melbourne, um auf den benachbarten Goldfeldern ihr Glück zu suchen.

VICTORIA
Wedderburn
Murtoa
St Arnaud
Inglewood
Bendigo
M79
Stawell
Maryborough
Castlemaine
Grampians
S. 83
Avoca
Ararat
Beaufort
Creswick
M8
Willaura
Ballarat
Buninyong
273 km, 4 ½ Std.
Bannockburn
Mortlake
Terang
Cobden
M1
Colac
Warrnambool
Lorne
Bay of Martyrs
Port Campbell
4
Port Campbell National Park
Great Otway National Park
3
2
Apollo Bay
30 km
18.64 mi

MARCO POLO HIGHLIGHTS

★ **FEDERATION SQUARE**
Hinter schräger Architektur findest du die größte Sammlung australischer Kunst ➤ S. 74

★ **MELBOURNE MUSEUM**
Ein Einblick in die Geschichte und Kultur der Aborigines ➤ S. 77

★ **ROYAL BOTANIC GARDENS**
Sport, Konzerte und Fledermäuse in Melbournes grüner Lunge ➤ S. 76

★ **PHILLIP ISLAND**
Befrackte Winzlinge marschieren abends in der Pinguinparade ➤ S. 81

★ **PORT CAMPBELL NATIONAL PARK**
Hier warten die berühmten Twelve Apostles auf dich ➤ S. 83

★ **GRAMPIANS**
Das erste Känguru begrüßt dich schon morgens vorm Zelt ➤ S. 83

MELBOURNE

(🕮 G7) **Was geschieht, wenn Menschen aus 140 Nationen aufeinandertreffen? Was in der Theorie nach Problemen und sozialem Brennpunkt klingt, ist in der Praxis ein blühender Mikrokosmos. Melbourne (5 Mio. Ew.) zelebriert sein buntes kulturelles Erbe so hemmungslos wie wohl kein anderer Ort der Welt.**

Von Feiern zum indischen Diwali kannst du kurz auf eine Bratwurst zum lokalen Oktoberfest hinüberschlendern oder dich von afrikanischen Volkstänzen mitreißen lassen. Kein Wunder, dass die Speisekarten in den Tausenden Restaurants einfach alles bieten – von der mediterranen über die tibetische bis zur jamaikanischen Küche. Und obwohl die *City of Diversity* geradezu starrköpfig an traditionellen Bräuchen aus aller Welt festhält, ist und bleibt Melbourne einfach unschlagbar cool und trendy.

Verlier dich in den unzähligen Gassen und Ladenpassagen der City oder genieß die riesigen, gepflegten Parkanlagen wie die *Royal Botanic Gardens* oder die *Carlton Gardens*. Das Rumkommen ist kein Problem, denn innerhalb der City-Quadratmeile sind die öffentlichen Verkehrsmittel kostenlos. Die *City Circle Tram (ptv.vic.gov.au)* fährt täglich zwischen 10 und 18 Uhr alle zehn Minuten durchs Zentrum.

WOHIN ZUERST?

Besucher sind am **Federation Square** erst mal richtig, weil sich hier das Information Centre und interessante Museen befinden. Züge verkehren ab der Flinders Street Station gegenüber, und es sind nur ein paar Schritte über die Princes Bridge bis zum Entertainmentkomplex Southbank mit Gastronomie, Kasino und Eureka Tower. Lass das Auto besser raus aus dem Zentrum: Parkplätze sind rar, Parkhäuser teuer.

SIGHTSEEING

Einen kostenlosen zwei- bis vierstündigen *city walk* für bis zu vier Personen (auch in Deutsch) kannst du über den *Melbourne Greeter Service (Mo–Fr 7.30–18 Uhr: Tel. 03 96 58 96 58, Sa, So 9–18 Uhr: Tel. 03 96 58 99 42 | short.travel/aus38)* reservieren. Start ist täglich um 9.30 Uhr am Federation Square/Visitor Centre.

FEDERATION SQUARE ★

Schräge Fassaden und krumme Winkel – der riesige, moderne Museums- und Restaurantkomplex am Ufer des Yarra ist nicht nur Blickfang, sondern auch ein wichtiger Schauplatz in Melbournes prall gefülltem Eventkalender. In den spitzen, verglasten oder mit Zink verkleideten Gebäuden befindet sich die größte Sammlung australischer Kunst, darunter eine ausgezeichnete Kollektion alter und moderner Kunst der Aborigines und die Sammlung der National Gallery of Victoria. Außerdem ist hier der perfek-

te Ort zum (Leute-)Gucken. *Tgl. 11–18 Uhr | Eintritt frei | fedsq.com | ⏲ 3 h*

IMMIGRATION MUSEUM

Hier kannst du hautnah erleben, welche Strapazen die Menschen auf sich nahmen, die einst auf der Suche nach einem besseren Leben oder auf der Flucht vor Verfolgung und Kriegen nach Australien auswanderten. Aber auch die Immigration heute ist Thema. *Tgl. 9–17 Uhr | 15 A$ | 400 Flinders Street | museumvictoria.com.au/immigrationmuseum | ⏲ 1,5 h*

SEALIFE AQUARIUM

Da muss man schon zweimal hinsehen, um den Großen Fetzenfisch in seinem kleinen Aquarium zu entdecken. Fetzig, aber ganz und gar nicht groß, ist er von Seepflanzen praktisch nicht zu unterscheiden. Nicht zu verfehlen dagegen sind die Haie, Schwertfische und Stachelrochen im Plexiglastunnel, in dem du die Meeresbewohner hautnah erlebst. Unangefochtene Stars bleiben aber die Königspinguine, die tollpatschig übers Eis rutschen oder sich verspielt im Wasser rollen. *Tgl. 10–17.30, Sa, So bis 18 Uhr | 42 A$, online günstiger | Flinders Street/King Street | melbourneaquarium.com.au | ⏲ 2 h*

EUREKA SKYDECK

So schnell kommst du selten hoch hinaus: In nur 40 Sekunden schießt der Aufzug hinauf zum 88. Stockwerk des *Eureka Tower*, Melbournes höchsten Gebäudes. Hier bietet sich ein 360-Grad-Panorama weit über die Wolkenkratzer der Stadt hinaus. Ein kleiner Kick gefällig? Dann wag den Schritt in *The Edge (12 A$)*, einen rundum verglasten Erker in 300 m Höhe. Per Knopfdruck wird das Glas von undurchsichtig auf transparent geschaltet – ein schwindelerregender Überraschungseffekt. *Tgl. 10–22 Uhr | ab 23 A$, online 23 A$ | Riverside Quay | eurekaskydeck.com.au | 1 h*

DOCKLANDS

Mit extravaganter Architektur aus Stahl und Glas entstand um den Victoria Harbour am Westrand der City ein moderner Stadtteil. Dieser ist für seine hochpreisigen Apartments ebenso bekannt wie für seine angesagten Restaurants, die jedoch ziemlich ums Überleben kämpfen. Wer hier Fuß fassen will, braucht Geduld: Komplett erschlossen ist das Gelände vermutlich erst 2025.

MELBOURNE STAR OBSERVATION WHEEL

Das Riesenrad am Westrand der City war jahrelang Melbournes berühmtester Satz mit x. Nach pompöser Eröffnung 2008 drehte der sündhaft teure Stahlstern ein paar Wochen lang seine Runden, bevor ihn eine Hitzewelle nach typisch Melbourner Art erlahmte. Fünf Jahre dauerten die Reparaturen. Aber heute kannst du wieder über den Dächern Melbournes kreisend die Aussicht genießen, besonders schön ist die Fahrt am Abend. *Sept.–April 11–22, sonst bis 19 Uhr | ab 27 A$ | Harbour Town | melbournestar.com | 0,5 h*

ROYAL BOTANIC GARDENS ★

Der über 35 000 m² große botanische Garten am Ufer des Yarra ist das grüne

Venedig trifft Asien … in Melbourne: Gondelfahrt in den Royal Botanic Gardens

Juwel der Stadt – mit Seen, Wander- und Radwegen, über 60 000 seltenen Pflanzenarten aus aller Welt, Papageien, Flughunden, nachtaktiven Possums, schattigen Alleen, diversen Themengärten und eleganten *tea rooms*. Im Sommer finden abends Openairveranstaltungen auf der überdachten Bühne der *Sidney Myer Music Bowl* statt.

Ein besonderes Erlebnis ist der *Aboriginal Heritage Walk (So–Fr 11 Uhr (Dauer ca. 90 Min.) | Führung 30 A$ | Reservierungstel. 03 92 52 24 29)*. Bei einem Gang durch den botanischen Garten erklären Koorie-Führer ihre Geschichte und Kultur. Sie zeigen, welche Pflanzen und Früchte die Aborigines als Nahrungs- oder Heilmittel sammelten und wie sie diese zubereiteten. *Tgl. 7.30 bis Sonnenuntergang | Eintritt frei | Visitors Centre/Observatory Gate | Birdwood Av. | rbg.vic.gov.au*

INSIDER-TIPP
Mit Ureinwohnern durch die Gardens

SHRINE OF REMEMBRANCE

Errichtet zum Gedenken der im Ersten und Zweiten Weltkrieg gefallenen Australier, gehört das tempelähnliche Bauwerk zum Pflichtprogramm von Schulklassen. Australien in den Weltkriegen? Tatsächlich schickte der fünfte Kontinent im Ersten Weltkrieg 415 000 Soldaten nach Europa, von denen über 60 000 fielen – erhebliche Zahlen für eine Nation von damals knapp 5 Mio. Einwohnern. Bedrückend können auch die Besuchermassen im Inneren des Schreins wirken, wo eine interessante Ausstellung über Australiens Kriegsgeschichte informiert. Dann steigt man lieber gleich hinauf zum Dach und genießt den phantastischen Rundumblick über die Baumwipfel des *Royal Botanic Gardens* hinweg. *Tgl. 10–17, Führungen tgl. 11 und 14 Uhr | Eintritt frei | Kings Domain | Birdwood Av. | shrine.org.au | 1 h*

MELBOURNE MUSEUM ★

Das futuristische, interaktive Museum verbindet Architektur und Natur – so können Besucher z. B. mitten im Museum in einem Wald spazieren gehen. Das *Bunjilaka Aboriginal Cultural Centre* bietet eine ausgezeichnete Einführung in die spirituelle, kulturelle und politische Geschichte und Gegenwart der Ureinwohner Australiens. *Tgl. 9–17 Uhr | 15 A$ | 11 Nicholson Street/ Carlton Gardens | museumvictoria.com.au/melbournemuseum | 1,5 h*

ST. KILDA

Der bekannteste Vorort am Wasser ist ein sozialökonomisches Resümee Melbournes. Hier trifft chic auf schlampig, trendy auf retro und elitär auf Mainstream. In der Acland Street stehen Designerboutiquen neben Secondhandläden, vor Schaufenstern voll hoch aufgetürmter feinster Backwaren weht der Geruch frischer Fish & Chips.

Auf der palmengesäumten *Esplanade (stkildaesplanademarket.com.au)* bieten sonntags *(10–17 Uhr)* Künstler und Kunsthandwerker ihre Waren an. Am Ende des St. Kilda Piers locken frischer Kaffee und kleine Speisen im *St. Kilda Pier Kiosk*. Oder du bleibst gleich

Bleib ruhig noch bis zum Sonnenuntergang in St. Kilda Beach – es lohnt sich!

zum Abendessen im *Little Blue Restaurant (tgl. bis 17, Fr, Sa (im Sommer auch Mi, Do) bis 22 Uhr | littlebluerestaurant.com.au | €€–€€€)*. Hinter dem Kiosk lebt übrigens eine Kolonie von Zwergpinguinen. In der Dämmerung kannst du vom Pier aus beobachten, wie die Pinguine in ihre Höhlen darunter watscheln. *stkildamelbourne.com.au*

INSIDER-TIPP
Vorstadtpinguine

WILLIAMSTOWN

In dem nostalgischen Hafenstadtteil scheint Melbournes moderne City unendlich weit weg und liegt doch in Sichtweite, auf der anderen Seite von Port Philip. Historisch Interessierte müssen ebenso hin wie romantisch Veranlagte. Am besten geht das per Fähre über den Yarra River mit *Williamstown Ferry (tgl. ab Southgate | 22 A$ | williamstownferries.com.au)*. Die 50-minütige Fahrt vermittelt einen Eindruck von den neuen und den alten Hafenanlagen, und du näherst dich Williamstown vom Wasser her, ähnlich wie die Segelschiffe im frühen 19. Jh., als hier der Überseehafen ausgebaut werden sollte – bis Melbourne an Bedeutung gewann.

Viele Baudenkmäler säumen Nelson Place: Bescheidene Behausungen sind ebenso erhalten wie prachtvolle Herrenhäuser, urige Kneipen oder stattliche Verwaltungsgebäude. Ins Innere sind oftmals kleine Läden oder Restaurants eingezogen, willkommene Unterbrechungen bei einem Rundgang, den du im Sommer mit einem

INSIDER-TIPP
Baden vor schicken Villen

Badestopp am Williamstown Beach ausklingen lassen kannst. *visitwilliamstown.com.au*

COLLINGWOOD CHILDRENS FARM

Ein bisschen Land braucht jede Stadt. In Melbourne ist die Stadtnatur vor allem für kleine Besucher ein Highlight. In der Bilderbuchfarm mit ihren großen Wiesen und riesigen, gepflegten Tiergehegen ist all das möglich, was Kids am Landleben so fasziniert: Ziegen streicheln, beim Melken zusehen, dem Gärtner zur Hand gehen und auf Ponys reiten. *Tgl. 9.15–16.45 Uhr | Familie 25 A$ | 18 St Heliers Street | Abbotsford | farm.org.au*

ESSEN & TRINKEN

COOKIE

Eine Location mit toller Thaiküche, super Baratmosphäre und der angesagten Disko *Toff* in der zweiten Etage. i-Tüpfelchen ist das *Rooftop Cinema (22 A$ | Tel. 03 96 54 53 94 | rooftopcinema.com.au)*, auf dem Dach des Gebäudes mit 175 Plätzen (meist Liegestühlen) und einer Burgerbar, das von Dezember bis Anfang April zu Filmen unter freiem Himmel lädt. *252 Swanston Street | Curtin House | 1. Etage | Tel. 03 96 63 76 60 | cookie.net.au | €€*

INSIDER-TIPP
Dachkino im Freien

RICHMOND OYSTERS

Du liebst Austern? Dann bist du hier an der richtigen Adresse. Falls du mit Krustentieren nichts anfangen kannst, teste einen fangfrischen Fisch – im Restaurant oder Shop. *So geschl. | 437 Church Street | Tel. 03 94 28 51 21 | richmondoysters.com.au | €€*

RUYI MODERN CHINESE

Nimm dir ein paar Stunden Zeit, um dir diese chinesischen Köstlichkeiten Gang für Gang auf der Zunge zergehen zu lassen. Am besten bestellst du das Fünf-Gänge-Menü (auch in vegetarischer Variante) mit der jeweiligen Weinempfehlung. *So-Mittag geschl. | 16 Liverpool Street | Tel. 03 90 90 77 78 | ruyi.com.au | €€€*

SHOPPEN

Die Tour für Shoppingfans beginnt auf der *Flinders Street* gegenüber der

Flinders Street Station, dann gehst du in die *Degraves Street*, über die *Flinders Lane* und weiter zum *Centre Place (zwischen Flinders Lane und Collins Street)*. Überquer die *Collins Street (collinsstreet.com.au),* Melbournes eleganteste Einkaufsmeile, und geh schräg in die *Block Arcade*. Diese führt dich zur *Little Collins Street*, die zwischen der *Block Arcade* und *Russell Street* besonders interessant ist. In der Nähe ist auch die *Royal Arcade (Elizabeth Street/Ecke Bourke Street Mall),* die älteste Einkaufsarkade der Stadt.

HARBOUR TOWN MALL
Melbournes neuester Shoppingkomplex befindet sich in den Docklands am Westrand der City. Du erreichst ihn mit der Tram 86 Richtung Waterfront City, Ausstieg am Etihad Stadium. 90 Einzelhändler haben sich hier niedergelassen, viele davon mit *factory outlets. harbourtownmelbourne.com.au*

MELBOURNE CENTRAL
Shoppingcenter mit rund 180 Geschäften, Restaurants und Boutiquen, die australische Marken wie *R. M. Williams* (schicke Outbackmode) führen, und architektonisches Kunstwerk: Den 50 m hohen *Shot Tower* aus Ziegelsteinen (hier wurde zwischen 1888 und 1967 Schießpulver produziert) umschließt eine mächtige, 84 m hohe Glaskuppel. *Swanston Street/La Trobe Street | melbournecentral.com.au*

QUEEN VICTORIA MARKET
Nicht vieles im jugendlichen Melbourne ist so gestanden wie der „Vic Market". Schon seit den 1870er-Jahren trifft hier am Wochenende die halbe Stadt zusammen, um die Vorratskammern aufzufüllen. Souvenirs und Kleidung gibt's auch. *Di, Do 6–14, Fr 6–17, Sa 6–15, So 9–16 Uhr | qvm.com.au*

SPORT & SPASS

LEIHRÄDER
Räder plus Helm (Pflicht!) stellt *Melbourne Bike Share (ab 3 A$/Tag | melbournebikeshare.com.au)* an vielen Stationen in der Stadt zur Verfügung.

STAND-UP-PADDLING
SUP wolltest du schon immer mal probieren? Wo könnte es schöner sein als vor dem Strand von St Kilda mit Blick auf die Skyline von Melbourne? Anfängerkurse starten tgl. um 9 und 10.30 Uhr *(60 A$)* oder du leihst dir Brett und Paddel einfach aus *(30 A$/Std.) Pier Road | St Kilda West | supb.com.au*

AUSGEHEN & FEIERN

Ballett, klassische Konzerte, Theater- und Opernaufführungen finden im *Arts Centre Melbourne (Ticketbuchungen: artscentremelbourne.com.au)* statt. Jeden Abend um 18 Uhr wirft *Tixatsix* einige Tickets für Vorstellungen am selben Abend zum Preis von 30 A$ auf den Markt. Verkauf im *Box Office (Level 5 | Theatres Building)*.
Nachtschwärmer dürfen sich auf Abwechslung freuen. Eins der Zentren ist die *Brunswick Street*. In Locations wie der *Bar Open (tgl. | Nr. 317 | baropen.com.au)* und im *Kodiak Club (Mi–So |*

Die Cafés in der Block Arcade sind prima für eine Shoppingpause

Nr. 272 | kodiakclub.com) begegnet man eher der Alternativszene. Auch *South Yarra* mit seinen Bars und Diskotheken ist beliebt – insbesondere die Chapel Street. Zur belebten Ausgehmeile werden am Wochenende auch einige Teile der *Docklands.* Was wo abgeht, erfährst du unter *beat.com.au,* dem Onlineauftritt von Melbournes größtem *street paper.*

RUND UM MELBOURNE

1 PHILLIP ISLAND ★

142 km / 2 Std. von Melbourne mit dem Auto

Die Insel südöstlich von Melbourne ist eines der beliebtesten Tagesausflugsziele der Region. Zu verdanken ist das den Zwergpinguinen, die hier allabendlich an Land springen, um sich ganz gemächlich in ihre Höhlen zu begeben. Du kannst ihnen dabei von den vorgesehenen Besucherrängen aus zusehen *(penguins.org.au).* Tickets *(ab 26 A$)* und Zeiten online oder beim *Phillip Island Information Centre (109 Ventnor Road | Summerlands | visitphillipisland.com).* Eine weitere Attraktion ist *The Nobbies Centre (Eintritt frei)* an der Südwestspitze, wo ein Bretterweg zur Küste führt. Mit etwas Glück entdeckst du hier einige Mitglieder von Australiens größter Robbenkolonie. Interessante Bootstouren veranstaltet *Wildlife Coast Cruises (ab 55 A$ | wildlifecoastcruises.com.au).* G7

INSIDER-TIPP **Robben in Sicht!**

Birdwatching ist bei einem Besuch des Wilsons Promontory National Park inbegriffen

2 APOLLO BAY

190 km / 3 Std. von Melbourne mit dem Auto

Das hübsche Fischerdorf (1100 Ew.) mit *Strand* und abwechslungsreichem Hinterland eignet sich gut für einen längeren Aufenthalt an der *Great Ocean Road* (s. S. 166), über die du es auch erreichst. Hier findest du nicht nur zahlreiche Übernachtungsgelegenheiten unweit des schönen Strands, sondern auch das *Barham River Valley* mit guten Wandermöglichkeiten ist ganz in der Nähe. Moderne australische Küche bietet *La Bimba (tgl. | 125 Great Ocean Road | 1. Etage | Tel. 03 52 37 74 11 | €€)*, vor allem der frische Fisch und die Langusten sind unschlagbar. *G7*

3 GREAT OTWAY NATIONAL PARK

205 km / 3 Std. 15 Min. von Melbourne mit dem Auto

Suchte man nach einem irdischen Schauplatz für ein Feenmärchen, kämen diese uralten Regenwälder (210 km südwestlich) mit ihren Wasserfällen und gigantischen Eukalyptusbäumen wie gerufen. Im Kampf um das Sonnenlicht hangeln sich Bäume, Farne und Sträucher aneinander hoch. Wurzeln baumeln von hohen Ästen, dazwischen schlummern Koalas in den Astgabeln. Auf dem *Otway Fly Treetop Walk (tgl. 9–17 Uhr | Eintritt 25 A$, online günstiger | Beech Forest | otwayfly.com)* läufst du 25 m über dem Boden entlang der Baumgiganten. Oder du lässt auf der zweieinhalbstündigen Zipliningtour *(120 A$)* deinem inneren Tarzan freien Lauf.

INSIDER-TIPP
Koalas im Baum

Entlang der *Lighthouse Road,* die zum Leuchtturm am Kap führt, hast du gute Chancen, Koalas in freier Natur zu erspähen. *G7*

4 PORT CAMPBELL NATIONAL PARK ★

290 km / 4,5 Std. von Melbourne mit dem Auto entlang der Great Ocean Road

Das schmale Naturschutzgebiet, das sich westlich von Melbourne an der Küste entlangzieht und durch das die *Great Ocean Road* (s. S. 166) führt, beinhaltet sämtliche Highlights, die dir aus den Touristenbroschüren bekannt sind. Die *Twelve Apostles* sind in der Morgen- oder Abenddämmerung besonders stimmungsvoll. Geh für einen interessanten Blickwinkel auf die Sandsteinkegel vom Parkplatz der *Gibson Steps* die Treppen hinunter zum Strand. Weniger bekannt, aber nicht minder spektakulär sind Formationen wie *The Grotto* und die *Bay of Martyrs.* *G7*

5 WILSONS PROMONTORY NATIONAL PARK

225 km / 3 Std. von Melbourne mit dem Auto

Die Halbinsel Wilsons Promontory liegt in den Gippslands, südöstlich von Melbourne (Küstenstraße Richtung New South Wales), und ist ein Paradies für Naturfreunde, Wanderlustige und Tierbeobachter. Wombats fühlen sich hier besonders wohl *(Norman Beach).* Die ebenfalls hier vorkommenden Wallabys, Possums, Emus und Koalas sind vor allem in der Dämmerung aktiv. Bunte Papageien und Tausende von Wasservögeln leben in den Eukalyptuswäldern und Sümpfen der Flussmündung, und vor den weißen Stränden der Halbinsel tummeln sich Delphine, Pinguine und Seehunde.

INSIDER-TIPP
Quietschsand

Der *Squeaky Beach* hat seinen Namen wirklich verdient. Es bedarf noch nicht mal einer speziellen Technik, um den Sand unter den Füßen zum Quietschen zu bringen. Genug vom Beachlife? Schöne Wanderwege führen durch den Nationalpark, aber du bist auf dich allein gestellt und musst Nahrungsmittel mitnehmen. Karten und Infos zu den Wanderungen besorgst du dir im *Visitor Centre* in Tidal River oder online *(short.travel/aus49).* *H7*

GRAMPIANS

(G7) **Ein Paradies für Wanderer und Naturliebhaber: Nur drei Autostunden von Melbourne entfernt ragt das bis zu 1000 m hohe Sandsteingebirge der ★ Grampians aus der grünen Landschaft.**

Bunte Papageien kreischen in den Bäumen, Emus und Kängurus sehen auch die Campingplätze als ihr Terrain, und über allem strahlt ein tiefblauer Himmel. Die Berge, in der lokalen Aboriginesprache *Gariwerd* genannt, sind Zeitzeugen einer uralten Kultur:

Gut für Hiker. An geschützten Plätzen herrscht in den Grampians kein Mangel

Vor der Ankunft der Europäer lebten Aborigines 5000 Jahre hier.
Guter Ausgangspunkt ist das kleine *Halls Gap* am nordöstlichen Rand des Nationalparks mit zahlreichen Unterkünften, Restaurants und einem Supermarkt.

SIGHTSEEING

BRAMBUK ABORIGINAL CULTURAL CENTRE

Die Grampians sind auch für ihre Ureinwohnerkultur bekannt. Die Vegetation bot den Aborigines so reichhaltige Nahrung, dass sie neben der Jagd und dem Sammeln von Nahrung noch Zeit hatten, künstlerisch-religiösen Tätigkeiten nachzugehen. Nicht von ungefähr befinden sich in den Grampians rund 80 Prozent aller bekannten Aboriginefelsmalereien Victorias. Das imposante Kulturzentrum arbeitet dieses Erbe anhand von Ausstellungen und Veranstaltungen auf. Zur Anlage gehört auch das *Gariwerd Dreaming Theatre,* in dem zwei kurze Dokumentationen zur Aboriginalkultur gezeigt werden. *Tgl. 9–17 Uhr | Eintritt frei | 277 Grampians Road | brambuk.com.au | 1 h*

ESSEN & TRINKEN

An Sommerwochenenden kann es voll werden, also besser reservieren.

SPIRIT OF PUNJAB

Hier werden hervorragende indische Gerichte aufgetischt, viele davon sind vegetarisch. Wie scharf es sein darf, entscheidest du. *Tgl. | 161 Grampians Road | Tel. 03 53 56 42 34 | spiritofpunjabrestaurant.com | €€*

mittags | 125 Grampians Road | Tel. 03 53 56 42 22 | kookaburrahotel.com.au | €€*

SPORT & SPASS

Es gibt unzählige Wanderpfade und Mountainbiketracks; kurz und einfach ist der Pfad zu der viel fotografierten Felsformation der *Balconies*. Die Wanderung vom Wonderland Carpark zum *Pinnacle Lookout* ist eine größere sportliche Herausforderung, wird dafür aber mit sensationellen Ausblicken belohnt und das letzte Stück führt durch eine enge Spalte im Fels. Hin und zurück bist du etwa 1,5 Std. unterwegs.

INSIDER-TIPP
Durch den Felsspalt zum 360°-Ausblick

Der Reiz der tosenden *MacKenzie Falls* ist unbestritten, das scheint allerdings jeder zu wissen. Weniger überlaufen sind die *Beehive Falls*, zu denen du vom gleichnamigen Parkplatz in etwa 30 Minuten gelangst.

KOOKABURRA HOTEL

Hier findet jeder was: Aus der Küche kommen Pubklassiker wie Fish & Chips oder *eye fillet steak* bis hin zu Kängurufilet oder Crêpe mit Spinatfüllung. *Di–So ab 18 Uhr, Sa, So auch mittags | 125 Grampians Road | Tel. 03 53 56 42 22 | kookaburrahotel.com.au | €€*

SCHÖNER SCHLAFEN IN VICTORIA

GLAMPEN STATT CAMPEN

Du magst die Wildnis, brauchst aber auch eine gediegene Portion Komfort? Dann bist du in einem der Glampingzelte des *Wilderness Retreats (32 Ring Road | Tel. 03 84 27 21 22 | wildernessretreats.com.au | €€€)* bei Tidal River im Wilsons Promontory NP genau richtig. Die vier festen Zelte mit Heizung mitten im Nationalpark sind oft ausgebucht, also früh reservieren!

HÜTTE MIT KÄNGURUS

Im *D'Altons Resort (Glen Street | Tel. 03 53 56 46 66 | daltonsresort.com.au | €€)* in den Grampians schläfst du äußerst gemütlich in einer der 25 Blockhauskabinen mit Veranda, herrlicher Aussicht auf die Berge und tierischem Besuch: Allabendlich kommen die Kängurus in den großen Garten und suchen nach Essbarem. Ohne sich dabei von staunenden Menschen irritieren zu lassen.

QUEENSLAND

STRAHLEND DURCH DEN SUNSHINE STATE

Schnorchelbrille auf und los! Hier wiegen sich die Weichkorallen in der Strömung, dort knabbert ein Clownfisch (auch als „Nemo" bekannt) an einer großen Muschel. Und war das dahinten gerade ein Hai?

Das sich an der Ostküste Australiens über eine Länge von 2300 km – von Lady Elliot Island bis zur Nordspitze von Cape York – erstreckende ★ *Great Barrier Reef* mit seiner faszinierenden Unterwasserwelt ist die Hauptattraktion von Queensland. Es besteht aus rund 3000

Am Mission Beach reicht der Regenwald bis zum Strand

Einzelriffen und über 2000 tropischen Inseln – ein Paralleluniversum, das noch unendlich viele Geheimnisse verbirgt. Doch Queensland bietet noch viel mehr: perfekte Surfwellen an der Gold Coast, alternatives Leben in den Bergen des Hinterlands, die lebhafte, subtropische Hauptstadt Brisbane, faszinierende Aboriginekultur und unberührte Nationalparks am abenteuerlichen Cape York. Queensland ist mit 1,7 Mio. km² der zweitgrößte Staat Australiens und fast fünfmal so groß wie Deutschland – mit nicht einmal 5 Mio. Einwohnern.

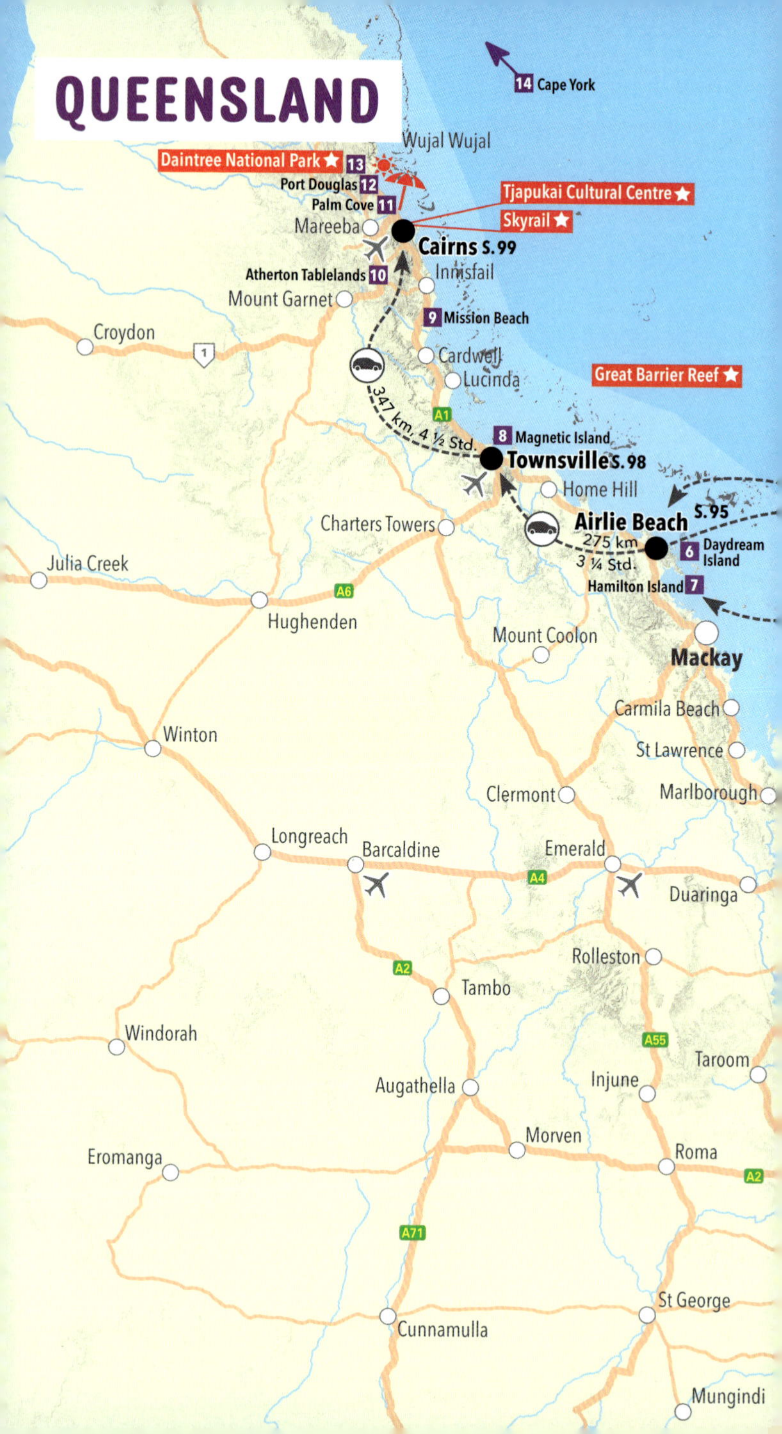
QUEENSLAND
14 Cape York
Wujal Wujal
Daintree National Park
13
Port Douglas 12
Palm Cove 11
Tjapukai Cultural Centre
Skyrail
Mareeba
Cairns S. 99
Atherton Tablelands 10
Innisfail
Mount Garnet
9 Mission Beach
Croydon
1
Cardwell
Lucinda
Great Barrier Reef
A1
347 km, 4 ½ Std.
8 Magnetic Island
Townsville S. 98
Home Hill
Charters Towers
Airlie Beach
S. 95
275 km
3 ¼ Std.
6 Daydream Island
Hamilton Island 7
Julia Creek
A6
Hughenden
Mount Coolon
Mackay
Carmila Beach
St Lawrence
Winton
Clermont
Marlborough
Longreach
Barcaldine
Emerald
A4
Duaringa
Rolleston
A2
Tambo
Windorah
A55
Taroom
Augathella
Injune
Morven
Roma
Eromanga
A2
A71
St George
Cunnamulla
Mungindi

MARCO POLO HIGHLIGHTS

★ **GREAT BARRIER REEF**
Die Attraktion an der Ostküste des Kontinents: Millionen bunte Fische, Delphine, Korallen und tropische Inseln
➤ S. 86

★ **FRASER ISLAND (K'GARI)**
Wale, Delphine und Dingos leben im tiefblauen Wasser und in den Urwäldern der weltgrößten Sandinsel
➤ S. 94

★ **SKYRAIL**
Gondeln gleiten über Schluchten und die Baumkronen des Regenwalds
➤ S. 101

★ **TJAPUKAI CULTURAL CENTRE**
Kultur, Geschichte und Mythen der örtlichen Aborigines ➤ S. 100

★ **DAINTREE NATIONAL PARK**
Tropische Regenwälder, Traumstrände und wolkenumhüllte Berge ➤ S. 104

★ **BRISBANE**
(Musik-)Kneipen, erstklassige Restaurants, aufstrebende Kunst – außer Großstadthektik ist alles zu erleben
➤ S. 90

BRISBANE

(🕮 J5) ★ **Brisbane ist wie ein ganzjähriges Sommermärchen: Fast immer herrscht T-Shirt-Wetter, in der künstlichen Lagune planschen Kinder, und in den lauen Abendstunden rocken lokale Bands auf den Dachterrassen.**

Heute ist es kaum vorstellbar, dass die Metropole ihre Existenz einigen konservativen britischen Politikern des frühen 19. Jhs. verdankt, denen die Liberalisierung in New South Wales gewaltig gegen den Strich ging. Mit einer neuen Strafkolonie in der Moreton Bay wollten sie den Abtransport nach Australien als „Strafmaßnahme wahren Terrors" neu bekräftigen. Lange hielt der Spuk nicht an; nach nicht mal zwanzig Jahren wurde die Kolonie aufgelöst und Brisbane entwickelte sich schnell zu einem blühenden Zentrum, wozu auch die Goldfunde im 20. Jh. beitrugen.

Mit 2,4 Mio. Einwohnern ist Brisbane die drittgrößte Stadt Australiens. Von Großstadthektik ist außerhalb der Rushhour dennoch nicht viel zu spüren. Dafür sorgt Queenslands Hauptstadt nicht nur für Musiknachwuchs – von den Bee Gees bis zu Savage Garden –, sondern verfügt auch über eine vielfältige Ausgehszene.

WOHIN ZUERST?

Die Stadt lässt sich von allen Ecken leicht erobern, aber wirklich mittendrin bist du auf dem **King George Square:** Geh die paar Meter bis zur **Queen Street Mall** und weiter bis zum **Brisbane River.** Überquer die Victoria Bridge und schlendre durch die idyllischen South Bank Parklands. Wer mit dem Zug kommt, steigt an der **Roma Street Station** aus, Busse aus allen Richtungen halten im Zentrum. Für Autofahrer gibt es Parkhäuser, z. B. im **Myer Centre.**

SIGHTSEEING

QUEENSLAND CULTURAL CENTRE

Der wuchtige Betonkomplex am südlichen Flussufer und zu beiden Seiten der Victoria Bridge in den South Bank Parklands hat es in sich: Galerie, Museum, Bibliothek, Theater. Die *Queensland Art Gallery (tgl. 10–17 Uhr | Eintritt frei, außer Sonderausstellungen | qagoma.qld.gov.au)* überrascht mit anspruchsvoller Kunst der Ureinwohner und Malerei oder Bildhauerei europäischer Künstler in wechselnden Ausstellungen und besitzt mit der *Gallery of Modern Art (GoMA)* die größte Galerie für moderne Kunst in Australien. Das *Queensland Museum (tgl. 9.30–17 Uhr | Eintritt frei | qm.qld.gov.au)* informiert anschaulich über Historie und Naturgeschichte des Bundesstaats. *arts.qld.gov.au/arts/culturalcentre | ⏱ je 1–1,5 h*

SOUTH BANK PARKLANDS

Eine australische Metropole ohne Zugang zum Meer – gibt's denn so was? Ja, doch zum Ausgleich hat sich Brisbane kurzerhand den Strand in die

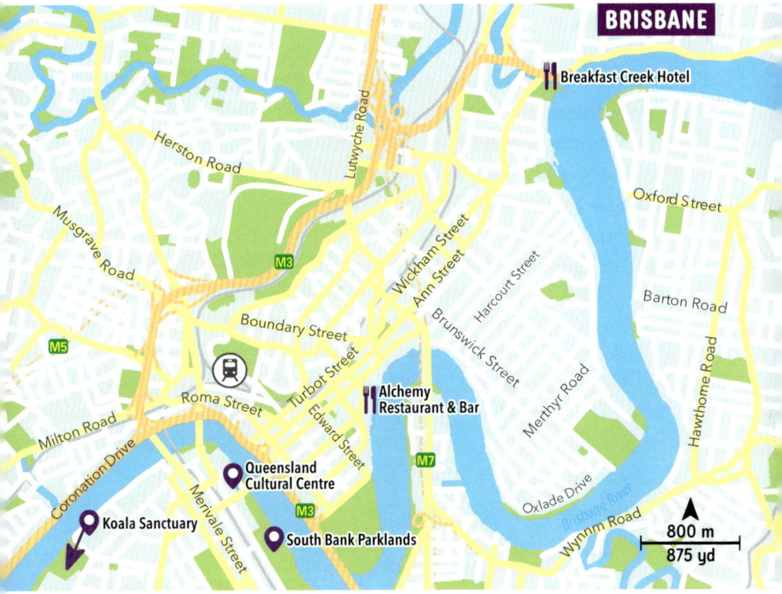

City geholt. Am künstlich angelegten *Streets Beach* und der tropischen Lagune kannst du verschnaufen oder auf dem mit leuchtenden Blumen bewachsenen *Arbour-Pfad* spazieren – alles mit Blick auf die City-Skyline. Den Blick von oben ermöglicht das *Wheel of Brisbane (So–Do 10–22, Fr, Sa bis 23 Uhr | 20 A$ | thewheelofbrisbane.com.au)*. Drum herum gibt es viele Restaurants und Imbissbuden, und verpass am Wochenende nicht, über den Lifestylemarkt zu schlendern. *visitsouthbank.com.au*

KOALA SANCTUARY

Erst mit Koala auf dem Arm ist die Australienreise perfekt. Und wo könntest du besser in den kuscheligen Genuss kommen als im größten Koalarefugium der Welt? Der idyllische Tierpark, in dem auch Kängurus, Tasmanische Teufel und andere australische Tiere zu Hause sind, unterstützt zahlreiche Tierschutzprojekte. *Tgl. 9–17 Uhr | 36 A$ | Fig Tree Pocket | Jesmond Road | koala.net | 2 h*

ESSEN & TRINKEN

Ausgezeichnete Restaurants findest du am *Riverside Centre* und *Eagle Street Pier* sowie im *Fortitude Valley* und in *New Farm (Merthyr Road/Brunswick Street)*. *Given Terrace* und *Caxton Street (Paddington)* sowie *Park Road (Milton)* sind weitere Adressen, ebenso die *South Bank*.

BREAKFAST CREEK HOTEL

Das alte, herrenhausähnliche Gebäude beherbergt eine Queenslander Institution. In mehreren Bars und Restaurants sowie dem angeblich ältesten Biergarten Brisbanes werden dir süffiges Bier sowie die besten Steaks der Stadt serviert. *Tgl. | 2 Kingsford Smith Drive | Tel. 02 32 62 59 88 | breakfastcreekhotel.com | €€€*

ALCHEMY RESTAURANT & BAR

Das moderne Restaurant direkt an der Flusspromenade serviert erstklassige Malzeiten, die du zusammen mit dem Ausblick auf die Story Bridge und den Brisbane River genießen darfst. *So und Sa-Mittag geschl. | Drive 175 Eagle Street | Tel. 07 32 29 31 75 | alchemy restaurant.com.au | €€€*

SHOPPEN

Haupteinkaufsstraße ist die *Queen Street Mall* mit der hübschen *Brisbane Arcade*. Schau doch mal bei *Maiocchi (maiocchi.com.au)* vorbei – hier füllt schicke Damenmode, die in Brisbane entworfen und geschneidert wird, Kleiderständer und Regale. Originell ist der *Riverside Market (So 8–15 Uhr | Botanischer Garten)*.

AUSGEHEN & FEIERN

Eine Reihe guter Bars und Nachtclubs findest du im *Fortitude Valley* an der *Ann Street*, z. B. den *Beat Mega Club (Nr. 677)* und das *GPO Hotel (Nr. 740)*. Und weil aus Brisbane bis heute einige der besten australischen Bands kommen, gibt's natürlich auch gute Livemusik, z. B. in *The Zoo (Mo, Di geschl. | 711 Ann Street)*. International ist die Atmosphäre in der *Down Under Bar (Edward Street | an der Central Station unterhalb des Backpackerhotels)*.

Angesagt sind die Bars und Cafés am Riverside Centre

RUND UM BRISBANE

1 NORTH STRADBROKE ISLAND

45 km / 1,5 Std. von Brisbane mit Auto und Fähre

Von Fraser Island hast du bestimmt schon gehört, aber kennst du auch North Stradbroke Island? „Straddie" ist immerhin die zweitgrößte Sandinsel der Welt, und wie auf Fraser Island wächst auch hier alles auf Sand, z. B. die idyllischen Eukalyptuswälder mit schlummernden Koalas in den Astgabeln. Im kleinen Ort *Point Lookout* ist der Name Programm: Überall bieten sich tolle Ausblicke auf den Ozean. Die Hauptstraße säumen Restaurants, Bäckereien und ein Supermarkt. Lauf unbedingt bis zum Headland Park am Ende der Straße, denn hier beginnen zwei erstklassige Kurzwanderungen: der *North* und der *South Gorge Walk*. Die beiden gehen ineinander über. Du kannst sie locker in einer halben Stunde laufen *(one way)*, aber plan lieber mehr Zeit ein, denn nicht selten springen Kängurus über den Weg – und überhaupt: Dieser Ausblick will einfach zelebriert werden. Zur Walsaison bekommst du die Meeresriesen praktisch im Minutentakt zu Gesicht, auch Delphine und Mantas tauchen oft vor der Küste auf. Zur Insel geht es mit der *Autofähre (Auto inkl. 2 Erw. 58–78 A$ | stradbrokeferries.com.au)* ab Cleveland. *stradbrokeisland.com* | *J5*

INSIDER-TIPP
Wandern mit (tierischen) Aussichten

2 GOLD COAST

78 km / 1 Std. von Brisbane mit dem Auto

Kaum ein Streifen Sand ist mehr australisches Urlaubsklischee als dieser. Auf dem schmalen, knapp 70 km langen Küstenstreifen sind dem Vergnügen keine Grenzen gesetzt: hoch aufragende Luxushotels, moderne Apartmentsilos, Nachtclubs, riesige Shopping-Malls und Kasinos konkurrieren hier um die Gunst der rund 12 Mio. Besucher jährlich. Das Zentrum bildet *Surfers Paradise*, eine wuchtige Ansammlung von Beton und Neon, die an Las Vegas erinnert. In der Umgebung gibt es mehrere erstklassige Vergnügungsparks, die du vom *SkyPoint Observation Deck* im 77. Stock des *Q1-Hochhauses (7.30–19, Fr, Sa bis 21 Uhr | 25 A$ | Hamilton Av. | skypoint.com.au)* in der Ferne sehen kannst. Weitere Informationen unter *destinationgoldcoast.com*. *J5*

3 LAMINGTON NATIONAL PARK

106 km / 1,5 Std. von Brisbane mit dem Auto

Im Hinterland der Gold Coast erstreckt sich ein Wanderwegenetz von insgesamt 160 km über das hügelige Gelände der McPherson Range. *O'Reilly's Rainforest Guesthouse (Lamington National Park Road | via Canungra | oreillys.com.au)* bietet exzellent geführte Wanderungen durch den Regenwald an. Auf dem 800 m langen *Tree Top Walk* läufst du über neun schwingende Hängebrücken durch den Regenwald, bevor du vom *Mick's Tower* in 18 m Höhe die Aussicht über den Nationalpark genießt. *F5*

4 SUNSHINE COAST

135 km / 1 Std. 45 Min. von Brisbane mit dem Auto

Der Name hält, was er verspricht: Auf einer Länge von über 150 km, zwischen Bribie Island und Fraser Island, reihen sich Traumstrände und hübsche Badeorte aneinander, über denen fast immer die Sonne scheint. Lohnend ist die Fahrt ab *Caloundra* bis *Noosa Heads (noosaeguide.com)* im Norden. Dieser schmucke Badeort ist mit der Schwesterstadt *Noosaville* das touristische Zentrum der Sunshine Coast *(visitsunshinecoast.com.au)*. Tagsüber locken herrlich breite und geschützte Strände wie *Main Beach, Marcus Beach* oder *Peregian Beach*. Abends macht man es sich in einem der vielen Straßencafés und Restaurants auf der Hastings Street gemütlich, nachts flaniert man auf dem *boardwalk* unterm Sternenhimmel. Für kurze Wanderungen bietet sich der 4,3 km² große, stadtnahe *Noosa National Park* an. Schau nach oben, hier leben ein paar Koalas. Nur mit dem Geländewagen *(fourwheel drive.com.au)* oder auf einer Tour z. B. mit *Great Beach Drive (Tagestour ab $195 | greatbeachdrive4wdtours.com)* erschließt sich die kunterbunte Sandsteinklippenlandschaft des *Cooloola National Park* im Norden. Kostengünstiger Transport ab Brisbane: *Tel. 07 54 50 59 33 | airshuttle.com.au |* *J5*

5 FRASER COAST

386 km / 3 Std. 30 Min. von Brisbane mit dem Auto

Die Fraser Coast 300 km nördlich von Brisbane ist besonders aus zwei Gründen bekannt. *Hervey Bay* (sprich: „Harvi") gilt unter Kennern als ein exzellenter Ort, um Wale zu beobachten. Zwischen August und Oktober finden sich bis zu 3000 Buckelwale in den Gewässern vor der Stadt ein. Im *Urangan Boat Harbour* werden verschiedene Bootstouren angeboten. Auskunft: *Hervey Bay Tourism (Urraween Road/ Maryborough Road | discoverhervey bay.com | visitfrasercoast.com).*

Und ★ *Fraser Island (K'gari)* ist weltweit einmalig: Mit einer Fläche von 1840 km² ist sie die größte Sandinsel der Erde und wurde 1992 als Unesco-Welterbe unter Schutz gestellt. Die Insel ist bis zu 240 m hoch und Heimat einer außerordentlich vielfältigen Pflanzen- und Tierwelt. Die Regenwälder und etwa 40 Süßwasserseen sind über Sandpisten erreichbar. Einer der schönsten Seen mit einem schneeweißen Strand ist der *Lake McKenzie*. Entlang der Ostküste der Insel ist am meisten los, hier kann der Strand schon mal zur Autobahn werden. Wenn du mehr Zeit hast und etwas Erfahrung im Geländewagenfahren, dann trau dich hoch zur Nordwestküste der Insel. Hier erwartet dich ein fast unberührtes Naturparadies. *K'gari*, wie Fraser Island in der Sprache der Aborigines heißt, kann mit einer geführten Tour oder mit dem eigenen Allradfahrzeug *(Genehmigung erforderlich | short.travel/aus39)* entdeckt werden. Von Hervey Beach aus erreichst du das Inselparadies mit dem Charterflugzeug oder per Fähre. Auch vom weiter südlich gelegenen

INSIDER-TIPP **Sandwoge statt Touristenflut**

Von Airlie Beach aus geht's zum paradiesischen Whitehaven Beach auf Whitsunday Island

Rainbow Beach mit seinen idyllischen Sanddünen legen Fähren nach Fraser Island ab – und hier geht es ruhiger und entspannter zu. | *J4*

AIRLIE BEACH

(H3) **Der kleine, lebenslustige Ferienort Airlie Beach (8000 Ew.) ist das Tor zu den Whitsunday Islands.** Tagsüber springst du im Taucheranzug oder mit Schnorchelbrille vom Tourboot, um die bunte Korallenwelt zu erforschen, oder lässt dir an „Airlies" künstlicher Lagune die Sonne auf den Bauch scheinen. In den späten Stunden mischst du dich unters Szenevolk, um in Diskotheken und Kneipen an der einzigen Hauptstraße des Orts, der Airlie Beach Road, unter freiem Himmel zu feiern.

ESSEN & TRINKEN

WHITSUNDAY SAILING CLUB

Meet the locals! Die große Terrasse bietet phantastischen Meerblick, das Essen ist verlässlich gut und großzügig portioniert. *Tgl. | Airlie Point | Tel. 07 49 49 78 94 | €€*

SPORT & SPASS

CRUISE WHITSUNDAYS

Die Fähren von Cruise Whitsundays bringen dich von Airlie Beach nach Daydream Island und Hamilton Island. Außerdem gibt's verschiedene Tages-

Auch Schnorcheln ist eine Möglichkeit, die bunte Unterwasserwelt am Riff zu entdecken

touren mit Aufenthalt am Riff zum Schnorcheln oder Ausflüge zu verschiedenen Inseln wie Whitsunday Island. *Port of Airlie | Tel. 07 48 46 70 60 | cruisewhitsundays.com*

FLUG ÜBER DAS RIFF

Das Great Barrier Reef aus der Luft und zu Wasser: Das Wasserflugzeug von Air Whitsunday landet nach einem Rundflug direkt am Riff, wo es seine Passagiere zu einem Schnorchelaufenthalt entlässt. Gesamtdauer: 4,5 Stunden. *650 A$ | Tel. 07 49 46 91 11 | airwhitsunday.com.au*

TAUCHEN ☂

Viele Tauchschulen bieten mehrtägige Ausflüge und Kurse für Anfänger und erfahrene Taucher an, z. B. *Whitsunday Scuba Centre (Touren mit Tauchgang ab 358 A$ | 1/4 Airlie Esplanade | Tel. 07 49 46 10 67 | whitsundaydivecentre.com.au).*

RUND UM AIRLIE BEACH

Vor der Küste um Airlie Beach liegen 74 tropische Inseln und zahlreiche Inselchen, die *Whitsunday Islands* *(🕮 H3)*. Nur acht von ihnen sind bewohnt. Einige sind reine Ferieninseln mit Hotelanlagen und Nachtleben, andere geschützte Nationalparks, die du auf Tagesausflügen besuchen kannst. Ausflugsboote setzen Romantiker und Abenteurer für eine Nacht oder ein paar Tage auf manchen der vielen unbewohnten Inseln ab. *Whitsunday Island*, die unbewohnte Hauptinsel, ist ein besonders schöner Nationalpark mit Mangrovenwäldern und dem schneeweißen, feinsandigen *Whitehaven Beach*, dem schönsten Strand von Queensland. *Hook Island, Long Island, South Molle Island* und *Whitsunday Island* verfügen über Campingplätze, auf denen du mit *camping permit* übernachten darfst. Gute Infos und Angebote zu Übernachtungen und Touren findest du auf *tourismwhitsundays.com*.

6 DAYDREAM ISLAND

5 km/30 Min. von Airlie Beach mit der Fähre

Ein Eiland wie aus dem Traumreisenkatalog: weiß gebleichte Korallensandstrände, dahinter sanft im Wind schwankende Palmen und im Innern blühende Gärten unter regenwaldbedeckten Hängen. Verständlich, dass die winzige, nur etwa 1 km lange und 5 km vom Festland entfernte Insel ein beliebtes Ausflugsziel ist. Im März 2017 richtete Zyklon „Debbie" schwere Schäden auf der Insel an, die aber alle wieder behoben sind. *H3*

7 HAMILTON ISLAND

20 km/1 Std. von Airlie Beach mit der Fähre

Die größte, bewohnte Insel der Whitsundays besitzt auch die beste touristische Infrastruktur – mit allen Vor- und Nachteilen. Mit Qantas, Jetstar und Virgin Australia kann man die Insel von Melbourne, Brisbane, Cairns und Sydney aus direkt anfliegen, dafür sorgen die diversen Hotels für

SELBSTMORD IM RIFF

Das Great Barrier Reef ist *der* Besuchermagnet Queenslands, und Tag für Tag bringen unzählige Boote Touristen zu sagenhaft schönen Tauch- und Schnorchelrevieren. Fragt sich nur, wie lange noch. Denn die steigenden Wassertemperaturen machen den Korallen schwer zu schaffen und lösen langsam, aber sicher eine tödliche Stressreaktion aus: Die bunten Algen, die die Korallen besiedeln und für deren prächtige Färbung verantwortlich sind, werden von ihren Wirten abgestoßen. Selbstmord sozusagen, denn ohne Algen können die Korallen auf Dauer nicht überleben. 2016 erlebte das Riff die bislang schlimmste Korallenbleiche, in einigen Regionen starben bis zu 95 Prozent der Korallen ab. Und das Ausmaß der Naturkatastrophe, die Zyklon „Debbie" 2017 auslöste, ist noch nicht gänzlich erfasst. Du kannst zum Erhalt des Naturwunders beitragen, indem du dich vor deinem Besuch auf der Website der Meeresumweltbehörde *(short.travel/aus40)* informierst und die Verhaltensregeln beherzigst und dich an Projekten wie „Eye on the Reef" oder dem „Marine Discovery Program" *(short.travel/aus42)* beteiligst.

Das entgeht allen, die nur für einen *daytrip* auf Magnetic Island kommen ...

spürbar größeren Andrang an den Stränden – was deren Schönheit jedoch keinen Abbruch tut. Von Hamilton aus verkehren regelmäßig Fähren nach Airlie Beach. Oder du schließt dich einer Tagestour ans Riff oder an den Whitehaven Beach an. *hamilton island.com.au* | *H3*

TOWNSVILLE

(H3) **Die geschäftige Hafenstadt (180 000 Ew.) auf halbem Weg zwischen Airlie Beach und Cairns mag dich auf den ersten Blick nicht umhauen.**

Aber wende dich nicht zu früh ab, denn an der attraktiv angelegten Promenade *The Strand* mit vielen Restaurants, Schwimmbecken und Strandabschnitten (mit Quallennetzen) lässt es sich herrlich entspannen. Vom Granitfelsen *Castle Hill* blickst du bis zur sehenswerten Magnetic Island.

SIGHTSEEING

REEF HQ

Die hochinteressante Darstellung der Unterwasserwelt rund um das *Great Barrier Reef* in dem riesigen Aquarium solltest du nicht versäumen. *Tgl. 9.30–17 Uhr | 28 A$ | 2 Flinders Street | reefhq.com.au | 2 h*

ESSEN & TRINKEN

THE WATERMARK

In diesem smarten Café und Restaurant in trendig-coolem Design genießt du nicht nur moderne australische Küche, sondern von der Terrasse aus auch den Blick auf die Grünanlage und das Meer. *Tgl. | 72 The Strand | Tel. 07 47 72 42 81 | watermarktownsville.com.au | €€*

RUND UM TOWNSVILLE

8 MAGNETIC ISLAND

8 km / 25 Min. von Townsville mit der Fähre

Die Ferieninsel mit netten Stränden und deutlich langsamer tickenden Uhren ist auch Tagesausflugsziel. Fahr zur hübschen *Horseshoe Bay* im Norden der Insel, wo ein Quallennetz sicheres Baden gewährleistet. Fähren verkehren ab Breakwater Terminal: *Sealink (hin u. zurück ca. 33 A$ | sealinkqld.com.au). visitmagneticisland.com.au | 🕮 H3*

CAIRNS

(🕮 H2) **Das malerische Cairns im Norden (160 000 Ew.) ist idealer Ausgangspunkt für Bootsausflüge zum Great Barrier Reef, für Wanderungen im tropischen Regenwald und für Ausflüge bis hoch zur Nordspitze am Cape York.**

Es ist nicht schwer ersichtlich: Cairns liebt und lebt Massentourismus. Wie könnte das mit dem weltgrößten Korallenriff vor der Haustür, der knallbunten Unterwasserwelt des Great Barrier Reef, auch anders sein? Am lebhaftesten geht es an der malerischen *Esplanade* zu, wo du dich in der künstlichen Badelagune abkühlen, riesige Eisbecher löffeln und dich durch das Angebot der Souvenirläden arbeiten kannst. Und wenn die Sonne hinter dem Tafelland versinkt, erwacht das Leben in den zahllosen Kneipen und Restaurants. Auch auf der Uferpromenade, deren Infotafeln sozusagen im Vorübergehen Stadtgeschichte vermitteln, ist immer was los.

SIGHTSEEING

CAIRNS MUSEUM

Cairns blickt auf eine ungewöhnliche Geschichte zurück: In nur zwei Jahrhunderten entwickelte sich ein naturbelassenes Küstenland über ein begehrtes Goldrauschzentrum zum Touristenmagneten. Hier im Museum kannst du die Geschichte selbst durch-

WOHIN ZUERST?

An der **Esplanade** im Zentrum pulsiert das Leben: Gastronomie jeder Art, Hotels, die einladende Badelagune und Einkaufsstraßen um die Ecke. Zum Hafen und den Schiffstouren Richtung Great Barrier Reef ist es ein Spaziergang. Vom Bahnhof sind es nur ca. 15 Minuten zu Fuß, vom Flughafen fährt man die zehn Minuten mit Taxi oder Shuttlebus.

Gute Idee: das Dinner auf den Night Market verlegen – und danach shoppen

laufen. *Mo–Sa 10–16 Uhr | 10 A$ | Lake Street, Ecke Shields Street | cairnsmuseum.org.au | 1 h*

CAIRNS AQUARIUM

Ein Riff zum Durchlaufen. Das Aquarium öffnete erst Ende 2017 seine Pforten und bietet großen und kleinen Besuchern seitdem eine bunte, spaßige Lernumgebung, die dem Riff und den Tropen gewidmet ist. Jede halbe Stunde findet eine Präsentation statt, am besten schaust du dir das Programm vorher online an. *Tgl. 9–17 Uhr | 46 A$, Kinder 28 A$ | Lake Street, Ecke Florence Street | cairnsaquarium.com.au | 2 h*

FLECKER BOTANIC GARDENS

Mehr als 100 Palmenarten, Orchideen und Schlingpflanzen geben einen ersten Eindruck von der Vielfalt der Tropen. Im *Aboriginal Plant Use Garden* wachsen Pflanzen, die die Aborigines schon vor Jahrtausenden als Nahrungsmittel oder Heilpflanzen nutzten. Der Park ist so weitläufig, dass man hier gut einen Vormittag verbringen kann. *Mo–Fr 7.30–17.30, Sa, So 8.30–17.30 Uhr | Eintritt frei | Collins Av.*

TJAPUKAI CULTURAL CENTRE ★

Der *Aboriginal Cultural Park* neben der Talstation der *Skyrail* wird von örtlichen Aboriginegruppen betrieben. Zur Tour durch den Park gehört eine Einführung in die Mythenwelt der australischen Ureinwohner und ein Film über die Geschichte der Aborigines seit der Ankunft der weißen Siedler, der Besuch eines Museums, eine

Tanzdarbietung, eine Vorführung des Didgeridoos sowie Speer- und Bumerangwerfen. Auch Abendveranstaltungen. *Tgl. | ab 62 A$ | Tel. 07 40 42 99 99 | tjapukai.com.au | ⏲ 2 h*

SKYRAIL ★

Die 7,5 km lange Seilbahn führt ins bergige Hinterland von Cairns mit einer faszinierenden Vegetation. In der Gondel gleitest du über die Täler, zu sehen sind dabei auch die Wasserfälle des *Barron River*. An zwei Haltestellen, an denen du die Fahrt unterbrechen kannst, werden Flora und Fauna des Regenwalds erklärt. Der Zielort *Kuranda*, einst ein alternatives Hippiedorf, ist ein reichhaltiger Souvenirmarkt. Zurück fährst du am besten mit der *Kuranda Scenic Railway (ksr.com.au)*, die sich auf abenteuerlicher Strecke hinab in die Ebene windet. *Rundtour 113 A$ | ab Smithfield Terminal | skyrail.com.au*

ESSEN & TRINKEN

OCHRE RESTAURANT

Rezepte und Zutaten der Aborigines machen den Reiz der Speisen in diesem ungewöhnlichen Restaurant aus. *Tgl. | 6/1 Marlin Parade | Tel. 07 40 51 01 00 | ochrerestaurant.com.au | €€€*

SHOPPEN

Souvenirs findest du auf dem allabendlichen *Night Market* an der Esplanade und gegen den Hunger hauptsächlich asiatische Speisen. Lass auch den bunten *Rusty's Market (Fr, Sa bis 18, So bis 15 Uhr | Grafton Street)* nicht aus, wo du dich durch die Vielfalt exotischer Früchte probieren kannst.

SPORT & SPASS

ESPLANADE SWIMMING LAGOON

Nur wenige Schritte vom Stadtzentrum entfernt chillst und erfrischst du dich in einer gepflegten Badelandschaft mit Blick aufs Meer. Was will man mehr, zumal der Freizeitspaß nichts kostet? Komm am frühen Nachmittag und sichere dir einen der Barbecueplätze auf dem Rasen für eine Grillparty.

TRAUMZEIT

Als *dreamtime* (Traumzeit) bezeichnet die englische Sprache den Schöpfungsmythos der australischen Ureinwohner. Da die uralte Kultur der Aborigines allein auf mündlicher Überlieferung beruht, erinnert eine Fülle an Legenden an die Zeit, als alles seinen Anfang nahm: Landschaften, Tiere oder auch die Menschheit. Hauptakteure in der Mythologie sind spirituelle Wesen, die das Leben auch weiterhin beeinflussen. Aborigines sehen sich mit ihnen eng verbunden und glauben, dass sie überall in der Natur gegenwärtig sind.

HELIKOPTERFLUG

Eine tolle Sache: Rundflüge mit dem Helikopter über das Barrier Reef mit herrlichen Aussichten und Gelegenheiten, Foto- und Videoaufnahmen aus der Luft zu machen. 30- oder 45-Minuten-Flüge ab 400 A$ p. P. bei *GBR Helicopters (gbrhelicopters.com.au)*.

RIFFAUSFLÜGE UND KREUZFAHRTEN

Von Cairns aus werden Tagestouren zum Outer Reef (215–250 A$) z. B. von *Sunlover Reef Cruises (Tel. 07 40 50 13 33 | sunlover.com.au)* angeboten oder von *Great Adventures (Tel. 07 40 44 99 44 | greatadventures.com.au)* ein Besuch auf der kleinen Koralleninsel Green Island. Gelegenheit zum Schnorcheln hast du auf beiden Touren, doch wenn du tauchen willst, buchst du die Tour zum Outer Reef.

TAUCHEN

Diversion Dive Travel (20 Min. nördlich | Tel. 07 40 39 02 00 | short.travel/aus11) in *Palm Cove* veranstaltet Tages- und Mehrtagestouren in schnellen Booten zum Riff – mit Tauchunterricht in deutscher Sprache ab 300 A$.

RUND UM CAIRNS

9 MISSION BEACH

129 km / 2 Std. von Cairns mit dem Auto

Weil Strandurlaub nördlich von Cairns sehr teuer geworden ist, sind Badeorte wie Mission Beach besonders bei jungen Leuten beliebt. Mission Beach ist ein guter Ausgangspunkt für Wander- und Tauchtouren *(divethereef.com)*. Auch kannst du Tagesausflüge nach *Dunk Island (dunk-island.com)*, einer Regenwaldinsel mit Campingplatz und Café, unternehmen. Schau knapp 50 km nördlich von Mission Beach im *Paronella Park (tgl. 9–19.30 Uhr | 46 A$ | Mena Creek | paronellapark.com.au)* vorbei. Hier hat sich ein unverbesserlicher Romantiker sein Märchenschlösschen in die tropische Parkanlage gebaut. *missionbeachtourism.com | ⧉ H2*

10 ATHERTON TABLELANDS

68 km / 1 Std. 15 Min. von Cairns mit dem Auto

Westlich von Cairns ragen dicht bewachsene Berge vulkanischen Ursprungs bis zu 900 m hoch auf. In uralten Kratern, um tiefe Seen und spektakuläre Wasserfälle sind faszinierende Ökonischen entstanden mit einer Vielzahl tropischer Vögel und seltenen Tierarten. Eine der schönsten Stellen ist der geheimnisvolle *Mount Hypipamee*, dessen geologische Entstehung bis heute nicht geklärt ist. Überall in den Tablelands gibt es herrliche Wasserfälle mit kristallklaren Wasserlöchern. Vier der schönsten sind über die 15 km lange Strecke *Waterfall Circuit* ab *Millaa Millaa* zu erreichen. Unbedingt Badesachen mitnehmen!

Das zum großen Teil denkmalgeschützte historische Städtchen *Yungaburra* (1100 Ew.) ist ein prima Ausgangspunkt. Es gibt hier einige gute

Das Schönste an den Wasserfällen der Atherton Tablelands: Du darfst darunter baden

Restaurants wie *Nick's Swiss-Italian Restaurant (deutschsprachig | Di–So abends, Sa, So auch mittags | 33 Gillies Highway | Tel. 07 40 95 33 30 | €€)* und Antiquitätenläden. Jeden vierten Sonntag im Monat findet im Ort ein uriger Markt statt. *athertontablelands.com.au* | *H2*

11 PALM COVE

30 km / 30 Min. von Cairns mit dem Auto

Von den Strandabschnitten, die sich nördlich von Cairns aneinanderreihen, ist Palm Cove mit Sicherheit der mondänste. Entlang der ca. 1,5 km langen Promenade am makellosen Palmenstrand reihen sich luxuriöse Resorts, Cafés und Restaurants. Vor dem Strand schützt ein Netz im Wasser vor Quallen, sodass du hier auch baden kannst. Übrigens: Die auffälligen, dickstämmigen Melaleuca-Bäume entlang der Straße sind streng geschützt und dürfen, selbst wenn sie auf Privatgrund liegen, nur von den Behörden gestutzt werden. Zudem gilt die Regel: Kein Gebäude darf höher als der nächste Melaleuca-Baum sein! *H2*

INSIDER-TIPP
Quallenfrei schwimmen

12 PORT DOUGLAS

68 km / 1 Std. von Cairns mit dem Auto

Mit dem *Captain Cook Highway* führt eine prächtige Panoramastraße dicht an der Küste entlang zum 70 km nördlich von Cairns gelegenen Port Douglas (3500 Ew.). Das bis Ende der 1980er-Jahre noch bescheidene Dörfchen hat sich mittlerweile zum mon-

Kulturelle Einblicke aus erster Hand: Ein Aborigine erklärt Touristen seine Kultur

dänen Resortferienort gemausert – mit entsprechenden Preisen in den meist ausgezeichneten Hotels und Restaurants *(tourismportdouglas.com.au | visitportdouglasdaintree.com.au)*. Der *Four Mile Beach* ist ein makelloser Strandabschnitt, der am Ende der Hauptgeschäftsstraße, der *Macrossan Street*, beginnt. Steig am südöstlichen Ende die Treppe hinauf zum Lookout – der Blick ist jede Schweißperle wert! Im kleinen Hafen mit dem hübschen Einkaufszentrum starten jeden Morgen mindestens ein Dutzend Segler und Katamarane zum Great Barrier Reef. *Quicksilver-Schiffe (ab 250 A$ | Tel. 07 40 87 21 00 | quicksilver-cruises.com)* legen nach ca. 90-minütiger Fahrt an einem Ponton am Outer Reef an. Von hier aus geht's zu Tauch- und Schnorcheltouren. *H2*

13 DAINTREE NATIONAL PARK ★

141 km / 2 Std. 45 Min. von Cairns mit dem Auto

Die Proteste engagierter Umweltschützer haben die wichtigsten und schönsten tropischen Regenwälder Australiens vor dem Abholzen gerettet. Heute steht der atemberaubende Daintree National Park nördlich von Cairns als Teil des Unesco-Welterbes unter Schutz. Uralte Baumriesen, Lianen, Farne, Palmen und Moose gehen am Meer in Mangrovenwälder über. Einer der größten Vögel der Welt, der Laufvogel Kasuar, lebt in dieser begeisternden Wildnis. Ihn in freier Wildbahn vor die Linse zu bekommen ist eher unwahrscheinlich, denn er ist scheu und ungeheuer schnell. In den beiden größten Flüssen des Nationalparks kannst du auch Salzwasserkrokodile beobachten. Bootstouren auf dem *Daintree River*, Wanderungen in der *Mossman Gorge (am besten mit Aboriginal Guide | 75 A$/90 Min. | mossmangorge.com.au)* und am traumhaften *Cape Tribulation* vermitteln einen guten Eindruck von der zerbrechlichen Schönheit des tropischen Nationalparks. Bis Cape Tribulation (ein empfehlenswerter Tagesausflug ab Cairns oder Port Douglas) ist die Straße asphaltiert, stellenweise aber schmal und führt mitten durch den Regenwald.

Daintree hat für die örtlichen Kuku-Yalanji-Aborigines eine große spirituelle Bedeutung. Entlang des *Bama Way* zwischen Daintree River und Cooktown gewähren ortsansässige Aboriginestämme Touristen Einblicke in ihren Alltag und nehmen sie z. B. mit zum Fischefangen. Verschiedene Ein- bis Zweitagestouren stehen auf dem Programm *(Adventure North Australia | ab 255 A$ | Tel. 07 40 28 33 76 | adventure northaustralia.com).* H2

INSIDER-TIPP
Fischfang mit Ureinwohnern

14 CAPE YORK

817 km / 18 Std. von Cairns mit dem Auto

Ein Ziel für echte Abenteurer! Der an drei Seiten von Meer umschlossene, nördlichste Zipfel Australiens ist beinahe halb so groß wie Deutschland, doch es leben nur ungefähr 10 000 Menschen in dieser Wildnis, die meisten sind Aborigines. Weite Teile von Cape York sind noch unerschlossen: Savannen mit meterhohen Termitenhügeln, lichte Eukalyptuswälder, dichter Regenwald. Eine einzige Straße führt von Cairns bis zur Spitze des Kontinents, *The Tip* oder *Pajinka* genannt. Die 974 km lange Strecke ist zum größten Teil Staubpiste und nur zur Trockenzeit von Mai bis Oktober befahrbar. Benzin und einfache Unterkünfte gibt es in *roadhouses* oder *stations* entlang der Straße. Man sollte sich für eine Strecke fünf bis sechs Tage Zeit nehmen. Ab Cairns gibt es geführte Touren, u. a. mit *Heritage Tours (z. B. 10 Tage mit Rückflug nach Cairns und Übernachtung im Zelt 2900 A$ | heritagetours.com.au).*

SCHÖNER SCHLAFEN IN QUEENSLAND

LUXUS IN WILDER NATUR

Das *Kingfisher Bay Resort (262 Zi. | Tel. 07 41 20 33 33 | kingfisherbay.com | €€€)* an der Westküste von Fraser Island bietet weit mehr als ein bequemes Bett. Die riesige Anlage mit Pool fügt sich so idyllisch in die Landschaft ein, dass dir der Aufenthalt eher wie ein Naturerlebnis vorkommen wird.

JAHRTAUSENDEALTE WELLNESS

Entspannung pur mitten im Regenwald: Die wunderschöne Anlage der *Daintree Eco Lodge & Spa (Mossman Daintree Rd | Tel. 07 47 77 73 77 | daintree-ecolodge.com.au | €€€)* bietet 15 luxuriöse Villen und dazu ein umfangreiches Wellnessangebot, in das auch Naturverfahren der Ureinwohner einfließen.

NORTHERN TERRITORY

GANZ TIEF IM INNEREN

Australien bedeutet für dich Aboriginekultur und tropische Landschaften wie in „Crocodile Dundee"? Dann bist du im Northern Territory genau richtig.

Vorausgesetzt natürlich, du begegnest Land und Leuten mit derselben aufgeschlossenen und vorurteilslosen Haltung wie Mick Dundee den New Yorkern.

In den sagenhaften Nationalparks des tropischen Nordens wie dem Kakadu und Litchfield National Park erhältst du tiefe Einblicke in die

Der Kings Canyon ist die Hauptattraktion des Watarrka National Park

älteste Kultur der Menschheit. Einige der ältesten Felsmalereien der Welt liegen hier verborgen. Südlich von Alice Springs erhebt sich aus der endlosen Wüste der Uluru – für die Aborigines ein heiliger Ort, aber auch für Touristen aus aller Welt ein Platz tiefster Mystik. Doch das Rote Zentrum hat noch wesentlich mehr zu bieten: Schau dir z. B. mal die zerklüftete Bergkette der MacDonnell Ranges an, den imposanten Kings Canyon oder die unverwechselbaren Felsen von Kata Tjuta. Sie alle sind die lange Anreise unbedingt wert.

NORTHERN TERRITORY

MARCO POLO HIGHLIGHTS

★ **KINGS CANYON (WATARRKA)**
Wandern in einer Millionen Jahre alten Schlucht ➤ S. 119

★ **ULURU-KATA TJUTA NATIONAL PARK**
Ein roter Monolith und 36 mysteriöse „Köpfe" ➤ S. 119

★ **LITCHFIELD NATIONAL PARK**
Krokofreies Baden in den bildschönen Naturpools des Regenwalds ➤ S. 114

★ **KAKADU NATIONAL PARK**
Krokodile, Termitenhügel und Begegnungen mit der ältesten Kultur der Menschheit ➤ S. 114

★ **KATHERINE GORGE**
Mit dem Kanu durch die atemberaubende Schlucht ➤ S. 116

3 Tiwi Islands
155 km, 1 ¾ Std.
Milingimbi
Nhulunbuy
Darwin
S. 110
Jabiru
1 Territory Wildlife Park
Arnhemland 4
Batchelor
Kakadu National Park
S. 114
Bulgul
2 Litchfield National Park
Alyangula
Bulman
1
24
Pine Creek
5 Nitmiluk National Park
Wadeye
Numbulwar
Katherine
S. 116
20
Katherine Gorge
Ngukurr
1
80
1
1210 km, 13 ½ Std.
96
Daguragu
Elliott
87
AUSTRALIA
Tennant Creek
66
Canteen Creek
Willowra
Nyirripi
5
Haasts Bluff
Alice Springs
S. 117
Hermannsburg 6
7 Kings Canyon (Watarrka)
87
450 km, 5 ¼ Std.
200 km
124 mi
Yulara
8 Uluru-Kata Tjuta National Park

DARWIN

(□ D1) **Lange Zeit hing der Hauptstadt des Northern Territory der Ruf nach, dass es hier nur aushält, wer Fliegen verdauen und Unmengen an Bier schlucken kann.**

Aber Darwin (140 000 Ew.) hat sich den Wüstenstaub längst abgeklopft und präsentiert sich heute im Glanz seines einladenden Hafenbezirks, großer gepflegter Parkanlagen und einer beachtlichen Gastronomie. Was Letztere zu bieten hat, kannst du an der Waterfront oder – noch besser – auf dem Mindil Beach Sunset Market erkunden. Weniger attraktiv ist das Wetter: Mal ist es knochentrocken (Mai bis Oktober), mal unerträglich schwül – aber immer heiß!

Die meisten Besucher kommen aber nicht wegen Darwin nach Darwin, sondern um in die umliegenden, eindrucksvollen Nationalparks zu reisen: allen voran in den Litchfield und natürlich den Kakadu National Park.

WOHIN ZUERST?

Auf der unteren **Mitchell Street** bist du mittendrin. Dorthin führt dich der State Highway 1. Das Parken im Zentrum ist unproblematisch. Wer mit dem Zug anreist, steigt 15 km von der Innenstadt entfernt aus (Berrimah Road) und muss den Shuttlebus oder ein Taxi nehmen. Ebenso Reisende, die am 12 km entfernten Flughafen ankommen.

SIGHTSEEING

WATERFRONT

Die Hafenanlage ist das Sahnehäubchen des modernen Darwin. Zwei palmenumrahmte Lagunen sorgen für Abkühlung – die *Recreation Lagoon* ist sogar kostenlos – und drum herum liegen Cafés und Boutiquen. Mach es dir z. B. im *Coffee Club (tgl. | 7 Kitchener Drive | Tel. 08 89 41 04 22 | coffeeclub.com.au | €–€€)* bequem, wo du bis 17 Uhr lecker frühstücken und Mittag essen kannst.

AQUASCENE FISH FEEDING

Jeden Tag bei Flut kommen Fische bei Doctors Gully nah ans Ufer, um gefüttert zu werden. Eine gute Gelegenheit, um Katzenfische, Meeräschen und Rochen aus nächster Nähe zu erleben. *15 A$, Kind 10 A$ | 28 Doctors Gully Road | aquascene.com.au | 1–2 h*

BOTANIC GARDENS

1870 legte der deutsche Gärtner Maurice Holtz Darwins prächtigen botanischen Park an. Mit über 400 Palmenarten, die z. T. in einem Miniaturregenwald gedeihen, einer kleinen Orchideenzucht, einem künstlichen Wasserfall und Sümpfen zählt das 420 000 m² große Gelände zu den artenreichsten Parks der Südhalbkugel. *Tgl. 7–19 Uhr | Eintritt frei | Gilruth Av./Gardens Road | short.travel/aus16*

MUSEUM & ART GALLERY OF THE NORTHERN TERRITORY

Das Museum macht dich bekannt mit Kultur und Natur des Northern Territory und zeigt Aboriginekunst, die bis zu

An der Waterfront mit Badelagune kannst du dir zwischendurch eine Auszeit nehmen

46 000 Jahre alt ist. Mal ehrlich, welches Kunstmuseum kann da mithalten?
Zyklon Tracy fegte Weihnachten 1974 über Darwin und machte die Stadt praktisch dem Erdboden gleich. In der Dunkelkammer kannst du die Wucht des Wirbelsturms zumindest mal akustisch erleben – was dir auch reichen sollte. Gegenüber liegt mit dem *Darwin Ski Club* ein prima Biergarten. *Mo–Fr 9–17, Sa, So ab 10 Uhr | Eintritt frei | Conacher Street | Fannie Bay | magnt.net.au | 1–2 h*

INSIDER-TIPP
Rein in den Wirbelsturm

ESSEN & TRINKEN

Nicht nur im Hafenviertel, auch entlang der *Mitchell Street* und an der *Cullen Bay Marina* findest du viele Restaurants.

MY FRIEND'S KITCHEN

Nudelsuppen, feine Frühlingsrollen und viele andere vietnamesische Gerichte gibt es ganz frisch zubereitet in diesem kleinen, unscheinbaren Straßenlokal mitten im Zentrum von Darwin. *Tgl., Sa, So nur abends | 52 Mitchell Street | Tel. 08 89 81 89 81 | €*

PEE WEE'S

Unter Palmen, mit tollem Blick auf die Fannie Bay kannst du dir hier mit kreativer australischer Küche und feinen Weinen Gutes tun. *Di–Sa ab 16 Uhr | Alec Fong Lim Drive | East Point | Tel. 08 89 81 68 68 | peewees.com.au | €€€*

SHOPPEN

Darwin ist berühmt für seine vielen Märkte, z. B. die *Parap Village Markets (Sa 8–14 Uhr | Parap Road)*, den *Mindil Beach Sunset Market* (s. S. 112) und den *Rapid Creek Market (Sa, So 6.30–13.30 Uhr | Rapid Creek Business Village | 48 Trower Road | ca. 20 Min. von der City entfernt)*. Die Zuchtperlen des Territory kannst du bei *Paspaley Pearls (Bennett Street/Smith Street Mall)* kaufen. Erste Adresse für frischen Fisch ist die *Frances Bay*: Bei *Mr. Barra (Shop 20 | mrbarra.com.au)* hinter der Fisherman's Wharf oder im *Darwin Fish Market (Shop 5 | Zufahrt auf dem Frances Bay Drive | darwinfishmarket.com)* lassen die mit Krusten- und Schalentieren gefüllten Auslagen einem das Wasser im Mund zusammenlaufen.

Zu den besten Kunstgalerien Darwins gehört die *Mason Gallery (7/21 Cavenagh Street | masongallery.com.au)*. Preiswerte und gute Kunst der Aborigines verkauft *Readback Book Exchange (32 Smith Street Mall)* – mit Zertifikat. Doch Achtung beim Versand: In Deutschland wird der Wert des Kunstwerks besteuert!

SPORT & SPASS

EAST POINT RESERVE

In dem stadtnahen Park am Strand trifft man sich zum Joggen, Picknicken oder Relaxen und zum Baden im Lake Alexander, dessen Salzwasser das ganze Jahr über frei von Stinger-Quallen ist. In der Regenzeit wird der See manchmal aufgrund erhöhter Bakterienwerte geschlossen.

CROCODILE CRUISE

Krokos gehören zu den faszinierendsten Einwohnern des Northern Territory, wenn man ihnen auch nicht unerwartet begegnen will. Sicher wirst du dich auf einstündigen Touren auf dem Adelaide River fühlen, auf denen du die Reptilien ganz nah erleben kannst und die mehrmals täglich stattfinden. *45 A$, Kinder 30 A$, Familien 125 A$ | jumpingcrocodile.com.au*

STRÄNDE

MINDIL BEACH

Der schnellste Weg, Freunde zu Hause neidisch zu machen: Schick ihnen ein Bild von der im Meer versinkenden Tropensonne am Mindil Beach. Du erreichst ihn in einem 20-minütigen Spaziergang von der City aus oder mit dem Sammeltaxi *(5 A$)*. Donnerstags wird der Sonnenuntergang auf dem *Mindil Beach Sunset Market (April–Okt. 17–22 Uhr | mindil.com.au)*, wo

VORSICHT, KROKO!

Salties werden sie fast schon liebevoll genannt, die salzwasserliebenden Leistenkrokodile, die nicht nur zahlreich an den Küsten im hohen Norden des Kontinents leben, sondern sich auch in den *billabongs* (Wasserlöchern) der Nationalparks pudelwohl fühlen. Da du bei einer Begegnung mit einer dieser flinken, spitzzahnigen Echsen garantiert den Kürzeren ziehen wirst, solltest du die Regel „Nur dort baden, wo es ausdrücklich gestattet ist!" unbedingt befolgen.

Endstation für diesen Barramundi ist der Krokodilsrachen

an Ständen gutes und günstiges Essen sowie feines Kunsthandwerk geboten wird, mit Straßenkünstlern und Didgeridooklängen zelebriert.

AUSGEHEN & FEIERN

DECKCHAIR CINEMA

Wenn die Sonne im Meer verschwindet, läuft Darwin zu Höchstform auf. Zwischen April und November öffnet dann das Freilichtkino mit 250 Liegestühlen *(deckchairs)* und 100 Sitzen seine Pforten. Für Essen und Trinken ist gesorgt (inkl. Bier und Wein), einen guten Insektenschutz solltest du dabeihaben. *Vorstellungen tgl. 19.30, Fr, Sa auch 21.30 Uhr | Jervois Road | Waterfront | deckchaircinema.com.au*

SUNSET CRUISE

Bei so schönen Sonnenuntergängen bietet sich ein Bootsausflug am späten Nachmittag durch die weite Hafenbucht an. Warum nicht in Verbindung mit einem Abendessen an Bord des nostalgischen Schoners „Alfred Nobel"? Dazu gibt es guten Wein, eine erfrischende Prise und herrliche Ansichten der tropischen Küstenlinie. Zu buchen bei *Darwin Harbour Cruises (tgl. zum Sonnenuntergang | 58 A$ | ab Stokes Wharf | Tel. 08 89 42 31 31 | darwinharbourcruises.com.au).*

RUND UM DARWIN

1 TERRITORY WILDLIFE PARK

50 km / 40 Min. von Darwin mit dem Auto

Auf der riesigen Anlage erhältst du einen sehr guten Einblick in die Fauna und Flora des Northern Territory und darfst mit den tierischen Einwohnern auf Tuchfühlung gehen. Mehrfach täglich hast du Gelegenheit, Vorführungen, z. B. mit Raubvögeln, zuzusehen. *Tgl. 9–17 Uhr | 32 A$, Kinder 16 A$ | Berry Springs | territorywildlifepark.com.au | 3 h | D1*

2 LITCHFIELD NATIONAL PARK ★

122 km / 1 Std. 30 Min. von Darwin mit dem Auto

Der Nationalpark ist eine wilde Oase mit Wasserfällen, Schluchten, Regenwäldern und riesigen Termitenhügeln. In mehreren Wasserlöchern kannst du schwimmen, ohne dich vor Krokodilen fürchten zu müssen. Besonders schön sind die *Wangi Falls* und die *Florence Falls* (toll zum Baden, in der Umgebung gibt es Campingplätze).

Wenn jemand was vom Hochbau versteht, dann sind es die Kompasstermiten: Schau dir unbedingt ihre beeindruckenden Hügel, die *Magnetic Termite Mounds,* unweit der kleinen Ortschaft Bachelor an, die wie Grabsteine in der Landschaft stehen. *Eintritt frei | short.travel/aus50 | D1*

3 TIWI ISLANDS

80 km / 2 Std. 30 Min. von Darwin mit der Fähre

Vor der Küste Darwins liegen die beiden Inseln *Melville* und *Bathurst,* bewohnt von Aborigines, die eine ganz eigene Kultur entwickelt haben und berühmt sind für ihr Kunsthandwerk und ihre Malereien. Tourismus findet nur reglementiert statt: Der eintägige Schiffsausflug führt nach Bathurst Island, der Hauptinsel, und ermöglicht Begegnungen mit den Ureinwohnern. Buchungen über *Sealink (Tagestour ab 295 A$ | sealinknt.com.au). D–E1*

KAKADU NP

(E1) **Der ★ Kakadu National Park ist ein bedeutungsvolles Land der örtlichen Aborigines, die hier seit Zigtausend Jahren leben.**

Mehr als 5000 uralte Felsmalereien liegen hier versteckt, einige davon sind auch Touristen zugänglich. Der Nationalpark ist einer der bekanntesten Australiens, liegt 255 km östlich von Darwin im Westen des Arnhemland-Gebirges, das sich 500 km von Norden nach Süden zieht und ihn vom Arnhemland im Osten trennt.

Das Unesco-Welterbe erstreckt sich über eine Fläche vergleichbar mit der von Hessen und ist mit einem gewöhnlichen Fahrzeug über den asphaltierten Arnhem Highway erreichbar. Versorgungszentrum ist *Jabiru,* wo du Unterkünfte jeder Preisklasse findest. Beste Reisezeit ist die Trockensaison (Mai–Okt.); plan für deinen Besuch mindestens zwei bis drei Tage ein. *Pass 25 A$ pro Pers./14 Tage, erhältlich im Visitor Centre*

Ein besonderes Erlebnis ist ein Streifzug durch den Park mit einem Aboriginal Guide von *Animal Tracks Safaris (Tagestrip 220 A$ | animaltracks.com.au).*

SIGHTSEEING

BOWALI VISITOR CENTRE

Das Touristenbüro kurz vor Jabiru ist ein Muss und erste Anlaufstelle im Nationalpark: Neben guten Karten und Orientierungshilfen bietet es eine ansprechend gemacht Ausstellung zur Geschichte der Region, die zum Teil von den Ureinwohnern erzählt wird. Zudem erhältst du hier den obligatorischen Parkpass. *Tel. 08 89 38 11 21 | parksaustralia.gov.au/kakadu | 1 h*

FELSMALEREIEN

Da liegt er, breitbeinig und nackt, seit Abertausend Jahren. Der „Röntgenmann" zählt zu den bekanntesten Felsmalereien – rund 250 000 Besucher bestaunen ihn jährlich auf dem kurzen Weg zum *Nourlangie Rock (tgl. 8 Uhr bis Sonnenuntergang).*

INSIDER-TIPP **Felsmalereien ohne Gedränge**

Weitaus ruhiger geht es bei den nicht minder beeindruckenden Malereien von *Ubirr* am East Aligator River zu. Ein Rundweg führt auf ein 250 m hohes Plateau, von dem du eine herrliche Aussicht über das Schwemmland hast.

YELLOW WATER BILLABONG

Eine Bootsfahrt über den Yellow River bei Sonnenauf- oder -untergang, untermalt vom Zwitschern unzähliger Vögel, ist wie eine Massage für die Seele. Bis die Idylle jäh von einem schnappenden Krokodil unterbrochen wird, das plötzlich neben dem Boot auftaucht … puh! *Buchbar ab Cooinda Lodge | 90 A$ | Tel. 08 89 79 01 45 | short.travel/aus18*

Besuch unbedingt auch das nahe *Warradjan Aboriginal Cultural Centre (tgl. 9–17 Uhr | Eintritt frei)*, das sich der Kultur der Ureinwohner widmet.

JIM JIM FALLS UND TWIN FALLS

Der 70 km lange Abstecher vom Kakadu Highway ist nur für Geländewagen zu empfehlen und nur während der Trockenzeit möglich. Zu sehen gibt es die über 200 m hohen *Jim Jim Falls*, zu erleben eine kleine Bootsfahrt *(13 A$)* zu den *Twin Falls*. Allerdings

Mit den Florence Falls kann keine Spa-Landschaft mithalten!

Die Katherine Gorge ist spektakulär – von unten und von oben

schrumpft etwa ab Juni der Jim-Jim-Wasserfall zu einem Rinnsal. Alternative während der Regenzeit: ein einstündiger Rundflug *(250 A$)* mit *Kakadu Air (kakaduair.com.au)* ab Jabiru.

RUND UM DEN KAKADU NP

4 ARNHEMLAND

Lohnend sind Ausflüge ins Arnhemland, ein weitgehend unerschlossenes Gebiet – und eine der letzten Grenzen für den Massentourismus. Das Land ist vollständig unter Kontrolle der Yolngu-Aborigines, und der Zugang ist aus kulturellen Gründen nur einer kleinen Besucherzahl erlaubt. Touren und Infos: *Arnhemlander Cultural & Heritage Tour (kakaducultural tours.com.au).* *E2*

KATHERINE

(E2–3) **Aus welcher Richtung du auch anreist, das 10 000-Einwohner-Städtchen Katherine wird sich zunächst nach Großstadt anfühlen.** Also erst mal den Outbackstaub abklopfen, Tank auffüllen und die große Lebensmittelauswahl im Supermarkt bestaunen. Falls es dich nach kurzer Zeit in die Natur des Northern Territory zurückzieht, fährst du in den Nitmiluk National Park mit den Edith Falls und der spektakulären Katherine Gorge.

RUND UM KATHERINE

5 NITMILUK NATIONAL PARK

28 km/30 Min. von Katherine mit dem Auto

In Jahrmillionen hat sich der Katherine River durch das Sandsteinplateau gegraben und ein System aus 13 Schluchten geformt: die ★ *Katherine Gorge* (28 km), deren Zauber sich vor allem dann enthüllt, wenn die Sonne tief steht. Miet ein Kanu *(Nitmiluk Tours | Einerkanu 81 A$, Zweierkanu 139 A$ | Tel. 08 89 71 08 77 | nitmiluk tours.com.au)* oder wandere auf dem *Baruwei Loop Walk* zur Aussichtsplattform (ca. 1,5 Std.). Echte Outdoorfans leihen das Kanu gleich für zwei Tage *(Einerkanu 167 A$, Zweierkanu 244 A$)*, sodass sie genug Zeit haben, um bis zur sechsten oder siebten Schlucht zu paddeln. Neben Campsites gibt es hier auch einige Chalets.

Die *Edith Falls* sind den Abstecher vom Stuart Highway unbedingt wert. Die Wasserfälle ergießen sich in ein von Palmen umgebenes Bassin, in dem du schwimmen kannst. Hin und wieder kannst du dich einer Tour mit dem Ranger anschließen, und es gibt einen schönen Campingplatz und einen kleinen Kiosk. *E1*

INSIDER-TIPP
Schwimmen unter Palmen

ALICE SPRINGS

(E4) **Abgelegener könnte man eine Stadt kaum platzieren: „The Alice" – wie die ca. 25 000 Einwohner sie nennen – liegt jeweils rund 1500 km von Darwin und Adelaide entfernt, nach Sydney sind es fast 3000 km.**

Die Stadt wurde 1872 als Telegrafenstation errichtet, um Port Augusta mit Darwin zu verbinden. Die Station ist heute ein sehenswertes Freilichtmuseum, aber die meisten der über 500 000 Touristen, die jährlich nach Alice Springs kommen, zieht es gleich weiter in die atemberaubende Natur des Roten Zentrums.

SIGHTSEEING

ANZAC HILL

Von hier aus hast du einen guten Blick auf die Stadt. Bei Sonnenauf- und -untergang strahlt das MacDonnell-Gebirge im Hintergrund in phantastischem Rot.

ROYAL FLYING DOCTOR SERVICE

Eine Geburt im Busch? Ein Notfall in einer Outback-Kommune? Wie funktioniert die ärztliche Versorgung 1000 km vom nächsten Krankenhaus entfernt? Hier erfährst du's. Dein Eintritt ist übrigens eine wichtige Einkommensquelle für die fliegende Krankenstation. *Tgl. 9–16 Uhr | 17 A$ | 8–10 Stuart Terrace | rfdsalicesprings.com.au | 1,5 h*

SCHOOL OF THE AIR

1,3 Mio. km² – das größte Klassenzimmer der Welt bietet viel Platz. Kinder im Outback bekommen den Schulunterricht über viele Hundert Kilometer hinweg via Internet direkt ins Haus. Durch eine Glasscheibe und über Lautsprecher darfst du verfolgen, wie der Lehrer seine fernen Schüler instruiert. *Mo–Sa 8.30–16.30, So ab 13.30 Uhr | 10 A$ | 80 Head Street | assoa.nt.edu.au | 1 h*

TELEGRAPH STATION

Die liebevoll renovierte Telegrafenstation, 1872 aus gehauenen Felsblöcken erbaut, versetzt zurück in die Pioniertage Australiens. Im Eintrittspreis ist auch eine geführte Tour enthalten. *Tgl. 9–17 Uhr | 15 A$ | North Stuart Highway | alicespringstelegraphstation.com.au | 1–1,5 h*

ALICE SPRINGS DESERT PARK

Du wolltest schon immer mal einen ausgiebigen Spaziergang durch Australiens vielfältige Wüstenlandschaft machen? Dann bist du hier genau richtig. Das riesige Areal ist eine Mischung aus Museum und Tierpark und vermittelt einen guten Einblick in die Natur der zentralen Wüste. Zu den Highlights zählt das Nocturnal House, in dem viele vom Aussterben bedrohte Wüstenbewohner leben. Überhaupt ist die Nacht hier die lebhafteste Zeit, was du auf der *Nocturnal Tour (45 A$)* hautnah erleben darfst. *Tgl. 7.30–18 Uhr | 32 A$, Kind 16 A$ | Larapinta Drive | alicespringsdesertpark.com.au | 2–3 h*

INSIDER-TIPP
Wilde Nacht im Tierpark

SHOPPEN

Aboriginekunst aus der 240 km nordwestlich gelegenen Wüstengemeinde Papunya im typischen Punktestil ist nicht nur ein sehr schönes Andenken, sondern kann, je nach Künstler, auch eine Kapitalanlage sein. Direktverkauf der Papunya-Gemeinde bei *Papunya Tula Artists (63 Todd Mall | papunyatula.com.au)*. Bei teureren Werken solltest du unbedingt ein Echtheitszertifikat einfordern! Weitere Infos: *ankaaa.org.au* und *desart.com.au*

SPORT & SPASS

Digeridoo-Crashkurs gefällig? Halbstündige Schnupperkurse für nur 10 A$ bietet das *Sounds of Starlight Theatre (Mo–Fr 11–11.30 Uhr | 40 Todd Mall | Tel. 08 89 53 08 26 | soundsofstarlight.com)* an.

AUSGEHEN & FEIERN

The Rock Bar (78 Todd Street) bietet sich für einen Drink ebenso an wie die *Todd Tavern (1 Todd Mall)*. Allerdings ist etwas Vorsicht angeraten: Wiederholt kam es, besonders in der Nacht, zu Konfrontationen zwischen alkoholisierten Aborigines und ahnungslosen Touristen!

RUND UM ALICE SPRINGS

6 HERMANNSBURG

127 km / 1 Std. 30 Min. von Alice Springs mit dem Auto

Das mehrheitlich von Aborigines bewohnte Dorf (600 Ew.) westlich von Alice Springs beheimatet eine ehemalige deutsch-lutheranische *Missionsstation (tgl. 9–17 Uhr | 12 A$ | 1 h)*, die 1877 gegründet wurde. Eine gut gemachte und gelegentlich bedrückende Ausstellung erinnert an die nicht unbedingt gelungenen Versuche der Missionare, die Ureinwohner mittels deutscher Zucht und Ord-

Ein Bild als Souvenir? Aboriginekunst verkauft die Papunya-Tula-Galerie in Alice Springs

nung zum christlichen Glauben zu bekehren.
Bekannte Bewohner waren der Aboriginalmaler Albert Namatjira (1902–59), Begründer einer neuen, eher westlich geprägten Art der Malerei des Outbacks *(Hermannsburg School)*, sowie der Ethnologe Ted Strehlow (1908–78), der bedeutendste Erforscher der Kultur der zentralaustralischen Arrente-Aborigines. *hermannsburg.com.au* | *E4*

7 KINGS CANYON (WATARRKA) ★

470 km / 6 Std. von Alice Springs mit dem Auto

Die steile Schlucht mit ihren verwitterten Kuppeln zieht heute fast genauso viele Besucher an wie der Uluru. Trotzdem solltest du den Kings Canyon, nicht auslassen. Asphaltierte Straßen führen von dort oder dem Uluru über den *Lasseter Highway* und die *Luritja Road* bis in diese Millionen Jahre alte Felslandschaft. Eine Alternative ist die Fahrt auf dem *Larapinta Drive* über Hermannsburg, für die allerdings ein Allradauto benötigt wird. Einigermaßen fit solltest du sein, um den drei- bis vierstündigen *Canyon Walk* rund um die Schlucht zu bezwingen. Geh am besten frühmorgens los und nimm ausreichend Wasser mit! Wenn das zu strapaziös klingt: Der 45-minütige *Kings Creek Walk* ist leichter zu gehen und schattiger. *E4*

8 ULURU-KATA TJUTA NATIONAL PARK ★ ☂

468 km / 5 Std. 45 Min. von Alice Springs mit dem Auto

Der Uluru oder *Ayers Rock*, wie er früher genannt wurde, ist von Alice Springs aus auf Teerstraßen in einem gewöhnlichen Fahrzeug zu erreichen. Zwischen Alice Springs und dem Ayers Rock Resort verkehren auch Shuttlebusse *(ca. 5,5 Std. | 125 A$ one way | emurun.com.au)*. Der 348 m hohe

Monolith, der sich einem Eisberg gleich mehrere Kilometer tief in den Boden erstreckt, lockt jedes Jahr Hunderttausende ins Rote Zentrum. Für die Anangu-Aborigines aber ist er von größter spiritueller Bedeutung und ein wichtiger Zeuge ihrer Schöpfungsgeschichte. Seit 1985 sind der Uluru und die benachbarten Kata Tjuta Teil eines 1325 km² großen Nationalparks, der nun wieder im Besitz der Anangu ist.

Der Eingang zum Park *(25 A$/Pers.)* befindet sich rund 15 km vor dem Uluru. An der Strecke gibt es zwei Parkplätze, von denen aus du den Sonnenauf- bzw. -untergang beobachten kannst. Es herrscht Alkoholverbot, Gruppentouren sind davon jedoch ausgenommen. Auch direkt am Uluru gibt es mehrere Parkplätze, von denen aus sich die Basis des Bergs erkunden lässt. Das *Ayers Rock Resort (ayersrockresort.com.au)* in Yulara ist das Versorgungszentrum am Uluru, ca. 15 km vom Felsen und 6 km vom Flughafen entfernt. Es gibt eine Pizzeria und Imbissstuben, einen Supermarkt, Buchungsbüros, Souvenir- und Textilgeschäfte sowie Hotels jeder Übernachtungskategorie inklusive Campingplatz.

Im Namen der Anangu baten Informationstafeln jahrzehntelang Touristen, von der Besteigung des Ulurus abzusehen – leider ohne großen Erfolg. Seit 2019 ist das Betreten des Felsens für Touristen nun offiziell verboten. Aber von unten ist er umso schöner: Der 10 km lange *Base Walk* führt dich in etwa drei Stunden um den Monolithen. Die Park-Ranger bieten täglich kostenlose geführte Spaziergänge *(Okt.–April 8, Mai–Sept. 10 Uhr | ab Mala Walk Car Park)* an. Unzählige weitere, teils kostenlose Touren und Aktivitäten hat das *Tours & Information Centre (tgl. 8–19 Uhr)* im *Ayers Rock Resort (Yulara)* parat. Auf der *SEIT Uluru Tour (95 A$)* beispielsweise wird die mit dem Felsen verbundene Mythologie erklärt und gezeigt, wie Aborigines über Jahrtausende in diesem scheinbar unwirtlichen Land überlebt haben. Im *Uluru-Kata Tjuta Cultural Centre (tgl. 7–18 Uhr | Eintritt frei | short.travel/aus15)* erfährst du u. a., welche Aktivitäten im Nationalpark möglich sind, und kannst dir zudem eine interessante Ausstellung über die Anangu-Kultur und die Natur im Park ansehen. Es ist der ideale Ausgangsort für einen Besuch des Uluru.

Unvergesslich ist das *Sounds of Silence Dinner (ca. 200 A$ pro Pers. | short.travel/aus14)*: In einiger Entfernung zum Uluru sitzt du bei Sonnenuntergang an einem festlich gedeckten Tisch und schlemmst vom Buffet. Und wenn es dann dunkel wird, spannt sich über dir ein funkelndes Firmament.

INSIDER-TIPP
Dinner mit Flimmer

Das 50 km vom Uluru gelegene *Kata-Tjuta-Gebirge* ist eine 35 km² große Ansammlung von 36 gerundeten Hügeln. Der höchste dieser „Köpfe" (*kata tjuta* = viele Köpfe) ist 200 m höher als der Uluru. Für viele Besucher sind die Olgas, wie man die Felsformation früher nannte, attraktiver als der wesentlich bekanntere Uluru. Genieß die satten orangeroten Farben der zentral-

Rauf darfst du nicht, aber nichts spricht gegen eine Wanderung um den Uluru

australischen Wüste auf einem der schönen *hikes* durch das Gebirge. Die etwa drei Stunden dauernde Wanderung durch das *Valley of the Winds* ist besonders empfehlenswert. Allerdings solltest du die Witterungsbedingungen nicht unterschätzen: In den kühleren Monaten blasen eisige Winde durch die Schluchten (also Jacke und Mütze nicht vergessen!), im Sommer verwandeln hohe Temperaturen die Felsen in einen gigantischen Backofen. Dann gehst du am besten frühmorgens los und nimmst unbedingt genügend Wasser und ein Fliegennetz für den Kopf mit! E4

SCHÖNER SCHLAFEN IM NORTHERN TERRITORY

SCHLAFEN AM CANYON

In der Hand ein Glas Wein, unter dir eine weiche Matratze und rings um dich herum das raue Buschland. Zugegeben, Camping geht anders, aber du „glampst" hier, 36 km vom Kings Canyon, ja auch. Die *Kings Creek Station (Tel. 08 89 56 74 74 | kingscreekstation.com.au | €–€€€)* bietet neben drei Luxuszelten 25 Cabins und einen „normalen" Zeltplatz.

POOL MIT BAR IM KAKADU

Der Punkt, der in manchen Landkarten mit Cooinda benannt ist, markiert eigentlich nur die *Cooinda Lodge (Tel. 08 89 79 15 00 | short.travel/aus43 | €–€€€)*, die vielfältigste Unterkunft im Kakadu National Park. Du hast die Wahl zwischen 48 Zimmern und einem schönen Campingplatz, alles reiht sich um einen zentralen Pool mit Bar und Restaurant.

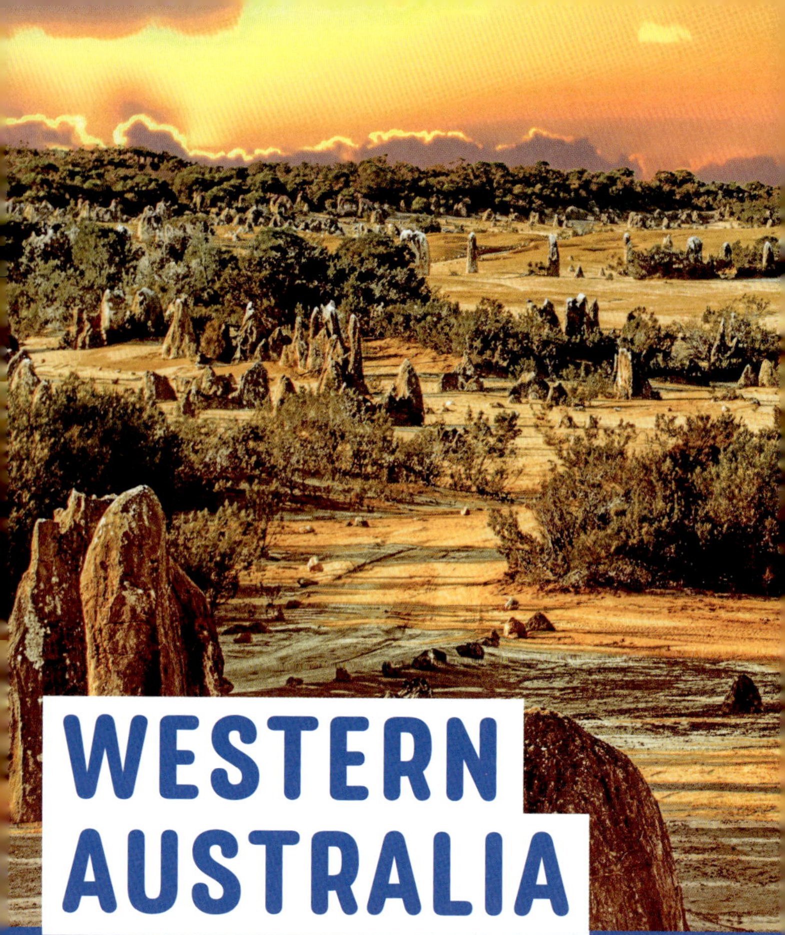

WESTERN AUSTRALIA

WEITE MIT WOW-EFFEKT

Würde man die Landfläche Western Australias – kurz WA genannt – gerecht unter seiner Bevölkerung aufteilen, so bekäme jeder Bewohner, vom Baby bis zum Greis, seinen eigenen Quadratkilometer zugestanden.

Nur knapp 2,6 Mio. Menschen leben auf dieser 2,5 Mio. km² großen Landmasse, die immerhin ein Drittel des Kontinents einnimmt und sich von den traumhaften Surfstränden und idyllischen Weingebieten im Süden über bizarre Landschaften wie die Pinnacles, den Kar-

Die Pinnacles sind versteinerte Baumstümpfe in der Wüste

jini National Park und den Purnululu National Park bis zum einsamen Ningaloo Reef und den Kimberleys im Norden zieht. Vom kosmopolitischen Perth aus lässt sich bequem in ein bis zwei Wochen der Südwesten erkunden. Eine Reise in den weiten, menschenleeren Norden verspricht sagenhafte Highlights, doch für den Weg von Perth nach Darwin solltest du mindestens vier Wochen einplanen.

WESTERN AUSTRALIA

MARCO POLO HIGHLIGHTS

★ **PERTH**
Die abgelegenste Großstadt der Welt präsentiert sich selbstbewusst, aufgeweckt und futuristisch ➤ S. 126

★ **NINGALOO REEF**
Eines der schönsten und vielfältigsten Korallenriffe der Welt und Heimat vieler Meeresbewohner ➤ S. 132

★ **KIMBERLEY**
Einzigartige Wildnis und Terrain für Abenteuerlustige ➤ S. 137

★ **PINNACLES (NAMBUNG) NATIONAL PARK**
Bizarr aufragende Felsnadeln in einer einsamen Sandwüste ➤ S. 128

★ **WAVE ROCK**
Nicht nur das Meer kann Wellen machen ➤ S. 128

★ **BROOME**
Traumstrände, uralte Felsen und Dinofußabdrücke ➤ S. 134

PERTH

(▯ B6) **Mit moderner Skyline und futuristischer Ufermeile wirkt ★ Perth (2,1 Mio. Ew.) auf den ersten Blick wie eine arabische Metropole.** Ein Rohstoffboom verhalf Perth in den letzten 20 Jahren zu raschem Wachstum, doch die Hauptstadt Western Australias blieb das, was sie schon immer war: eine anziehende, entspannte und lebenswerte Großstadt mit viel Sonnenschein und naturliebenden *locals,* die Hemd und Krawatte gern gegen Neoprenanzug und Surfboard tauschen. Einen der schönsten Stadtstrände, den *Cottesloe Beach*, erreichst du mit Bahn und Bus vom Zentrum in etwa 30 Minuten.

Vier kostenlose Buslinien animieren dazu, Perth' Zentrum *(Free Transit Zone | short.travel/aus21)* zu erobern: Die Red und Yellow CAT Busses verkehren zwischen Ost und West, der Blue CAT Bus zwischen Nord und Süd und der Green CAT Bus im Westen.

WOHIN ZUERST?

Von der verkehrsberuhigten **City Mall** *(Murray Street/Hay Street)* sind viele Sehenswürdigkeiten zu Fuß zu erreichen. Selbst das neu gestaltete Ufer des Swan River mit den wohlklingenden Swan Bells sowie die City Railway Station, auch Haltestelle der Nahverkehrszüge, z. B. nach Fremantle. Das Busterminal befindet sich gegenüber vom Bahnhof. Das Auto lässt du am besten bei der Unterkunft, in der City fahren kostenlose Busse.

SIGHTSEEING

KINGS PARK

Nur wenige Minuten vom Stadtzentrum entfernt ist der Park eine Oase der Ruhe für müde Stadtwanderer. Einen sehr schönen Rundblick hat man vom *Kings Park Lookout* und vom *DNA Observation Tower. bgpa.wa.gov.au/kings-park*

THE SWAN BELLS

Falls dir der Klang der Glocken *(Mo, Do 12–13 Uhr)* in diesem Turm bekannt vorkommt, dann warst du schon einmal in London. Sie wurden nämlich den Glocken von St. Martin in the Fields nachgebildet. *Tgl. 10–16.30 Uhr | 18 A$ | Barrack Square | thebelltower.com.au*

PERTH MINT

Hier bekommst du einen Einblick in die weltgrößte Sammlung von Goldnuggets und darfst sogar beim Gießen des Edelmetalls dabei sein. *Tgl. 9–17 Uhr | 19 A$ | 310 Hay Street | perthmint.com.au | 1,5 h*

FREMANTLE

Schöne, restaurierte Gebäude geben Perth' Hafenstadt einen ganz besonderen Charme. Gute Restaurants (z. B. am *Fishing Boat Harbour*) und Cafés entlang der South Street, Läden und Märkte *(Fremantle Markets | Fr 8–20, Sa, So 8–18 Uhr | Henderson Street/ South Terrace | fremantlemarkets.com.*

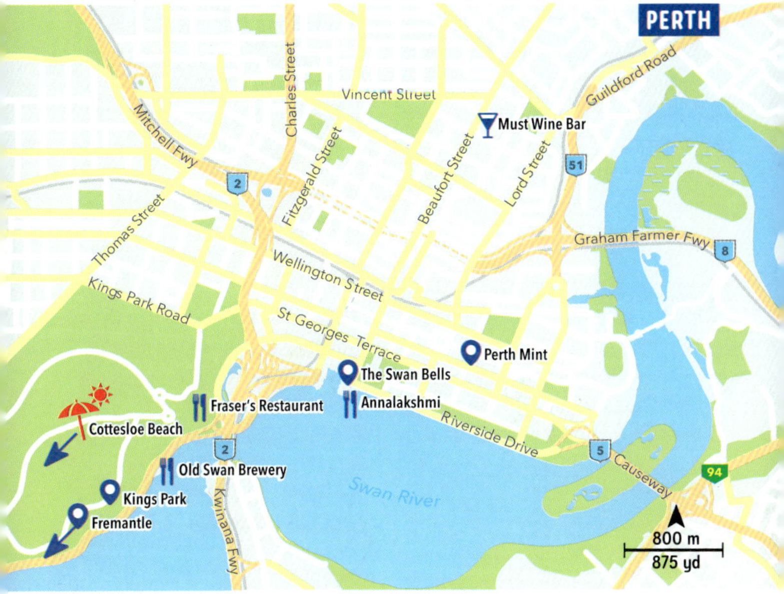

au) locken die Besucher an – entweder per Zug oder per Boot ab Swan Bell Tower/Barrack Street Jetty in Perth. Eine weitere Hauptattraktion ist das *Fremantle Prison (tgl. 9–17 Uhr | Tour 22 A$ | 1 The Terrace | fremantleprison.com.au | ⏲ 1–2 h)*, das über 140 Jahre lang Westaustraliens gefährlichste Verbrecher von der Außenwelt abschirmte. *visitfremantle.com.au*

ESSEN & TRINKEN

ANNALAKSHMI

Ein gutes indisch-vegetarisches Buffet bietet dieses Lokal direkt am Swan River (hinter dem Bell Tower). Am Ende des Abends entscheidest du selbst, wie viel Geld du an der Kasse lässt. *Tgl. | Tel. 08 92 21 30 03 | annalakshmi.com.au*

FRASER'S RESTAURANT

Schwer zu sagen, was besser ist, die Aussicht oder das Essen. Das Lokal mit dem tollen Blick auf Kings Park und City ist eine Feinschmeckeradresse für den besonderen Anlass (du findest bestimmt einen). Probier mal den frischen Tintenfisch, der quasi auf deiner Zunge zerschmilzt. *Tgl. | Fraser Av. | Kings Park | Tel. 08 94 81 71 00 | frasersrestaurant.com.au | €€€*

INSIDER-TIPP
Für Seafood-fans

OLD SWAN BREWERY

Das Brauereirestaurant am Fluss überrascht mit vielfältigen Gerichten und gutem, selbst gebrautem Bier. *Tgl. | 173 Mounts Bay Road | Crawley | Tel. 08 92 11 89 99 | theoldbrewery.com.au | €€*

SHOPPEN

Der Einkaufskomplex *Forrest Chase (forrestchase.com.au)* zwischen Wellington, Murray und Barrack Street sowie dem Forrest Place bietet unerschöpfliche Möglichkeiten, die Garderobe zu erneuern.

AUSGEHEN & FEIERN

Jeden Donnerstag steht im kostenlosen „Xpress" *(xpressmag.com.au)*, was in Perth gerade hip ist und welche Liveband wo auftritt. Nachtleben findet vor allem im Stadtteil *Subiaco (Hay Street)* statt.

MUST WINE BAR

40 offene Weine und 500 Flaschenweine auf der Karte – das Angebot ist überwältigend. Dazu gibt's französische Snacks. *Tgl. | 519 Beaufort Street | Tel. 08 93 28 82 55 | must.com.au*

RUND UM PERTH

1 ROTTNEST ISLAND

18 km / 1 Std. 30 Min. von Perth mit der Fähre

Die 11 km lange und 5 km breite Insel vor Perth ist ein gutes Wochenendausflugsziel und Heimat der nur hier vorkommenden Quokka-Beuteltiere. Am besten nimmst du die Fähre hin *(Rückfahrticket 69 A$ | rottnestexpress.com.au)*. Auf der Insel dürfen keine Autos fahren. Macht aber nichts, mit dem Fahrrad kommst du gut zu den schönen Stränden. Infos, auch zur Fahrradmiete: *Rottnest Island Visitor Centre (Tel. 08 94 32 93 00 | rottnest island.com)* | *B6*

2 PINNACLES (NAMBUNG) NATIONAL PARK ★

190 km / 2 Std. 20 Min. von Perth mit dem Auto

Ein Paradies für Fotografen: Die spektakuläre Ansammlung von bis zu 5 m hohen Kalksteinsäulen im *Nambung National Park* nördlich von Perth besuchst du wegen der Lichtverhältnisse am besten am frühen Morgen.

INSIDER-TIPP
Säulen im Morgenrot

Ob sich hier die biblische Erzählung von Lots Frau hätte zutragen können, die zur Salzsäule erstarrte? Zumindest manche der Pinnacles erinnern an Stein gewordene Menschen. Wer den 5 km langen Rundweg durch den Säulenwald entlangfährt oder zwischen den Kegeln für ein Foto posiert, der mag sich die Geschichte wirklich gut vorstellen können. Wann die Pinnacles entstanden, ist zwischenzeitlich geklärt: vor rund 150 000–80 000 Jahren. Die Sonne buk hohlen Baumstümpfen den durch Wind angetriebenen Wüstensand auf. Durch chemische Reaktionen verklumpte das Granulat zur Kalksäule, an der wieder neuer Sand haften blieb. *A5*

3 WAVE ROCK ★

340 km / 3 Std. 45 Min. von Perth mit dem Auto

Wer sagt eigentlich, dass es Wellen nur im Wasser geben kann? Der Wave

Rock ist ein imposantes Felsgebilde in Form einer 15 m hohen Welle südöstlich von Perth in der Nähe des Orts Hyden. Geformt wurde die Riesenwoge von Wind und Wetter, Hitze, Frösten und herabstürzenden Regenfluten, die im Lauf der Zeit das seltsame Streifenmuster hinterließen. Der Wave Rock ist mehr als 2 Mio. Jahre alt. *B6*

4 KALGOORLIE BOULDER

600 km / 6 Std. 30 Min. von Perth mit dem Auto

Zugegeben, die Goldfelder im Osten liegen nicht gerade vor der Haustür von Perth. Aber wer auf dem Weg nach South Australia oder ins Rote Zentrum ist, kann hier einen Zwischenstopp der goldenen Art einlegen. 1892 entdeckt, sind die Goldvorkommen noch heute ein wesentlicher Grund für den Wohlstand Westaustraliens. Das Gebiet wird beherrscht von Tagebauminen. Am besten erkundest du sie auf einer Tour, Auskunft dazu bekommst du hier: *Kalgoorlie Boulder Tourist Centre (Tel. 08 90 21 19 66 | kalgoorlietourism.com) | C5*

MARGARET RIVER

(B6) **Wellen, Wein und Wellness: In nur 50 Jahren hat sich die idyllische Provinzstadt Margaret River (6300 Ew.) unweit der atemberaubenden Küste in ein erstklassiges Weinbaugebiet verwandelt.**

Viele der 200 Kellereien lassen ihre Weine verkosten, einige betreiben ausgezeichnete Restaurants. Wanderwege führen durch lauschige Wälder,

Ein Kunstwerk der Naturgewalten ist der Wave Rock

Welcher Wein soll's sein? Finde deinen Lieblingstropfen bei einer Verkostung

Strände mit sensationellen Surfspots findest du an der Felsküste zwischen Cape Naturaliste und Cape Leeuwin, geschütztere Badeplätze an der sandigen Geographe Bay. Von Juni bis Dezember besuchen Wale die Küstengewässer, mit etwas Glück sind sie von Land aus zu sehen.

ESSEN & TRINKEN

COLONIAL BREWING CO

Dir fehlt deutsche Braukunst? Verschiedene Sorten selbst gebrautes Bier, selbst *Kolsch Ale,* das dem rheinischen Kölsch nicht nur namentlich ähnelt, kannst du in Flaschen mitnehmen oder gleich im Lokal und im schönen Biergarten trinken – vielleicht zum Lunch, sonntags sogar mit Livemusik. *Tgl. bis 18, Fr bis 22 Uhr | Osmington Road | Tel. 08 97 58 81 77 | colonialbrewingco.com.au | €–€€*

MARGARET RIVER CHOCOLATE COMPANY

Für Süßmäuler Pflicht, für Freunde herzhafter Kost Kür. Denn in der kleinen Schokomanufaktur werden die Leckereien auch mal mit Gewürzen veredelt, z. B. mit Chili. *415 Harman's Mill Road | chocolatefactory.com.au*

SHOPPEN

KUNST

Viele Künstler und Kunsthandwerker haben sich in der reizvollen Landschaft niedergelassen. Auf die meisten Ateliers und Galerien stößt du zwischen Margaret River und Yallingup bzw. Dunsborough. Eine kleine, aber feine Auswahl hochwertiger Objekte steht bei *Yallingup Galleries (Caves Road/Gunyulgup Valley Road)* zum Verkauf, auch die eigenwilligen Aboriginalmotive der zeitgenössischen Malerin Judy Prosser. Eine weitere Adresse: *margaretriverartisans.com.au*.

WEIN

Einen guten Überblick bezüglich Lage und Angebot der hiesigen Winzer vermittelt das *Regional Wine Centre (9 Bussel Highway | mrwines.com)*. Weinproben (und Lunch) lohnen auf jeden Fall bei *Hamelin Bay Wines (199 McDonald Road | Karridale | ca. 32 km südlich)* mit schöner Aussicht von der Speiseterrasse sowie in der stilvollen Kellerei *Leeuwin Estate (Stevens Road | leeuwinestate.com.au)* mit Kunstgalerie und exzellentem *Restaurant (tgl. mittags, Sa auch abends | Tel. 08 97 59 00 00 | €€)*.

RUND UM MARGARET RIVER

5 CAPE LEEUWIN

51 km / 40 Min. von Margaret River mit dem Auto

Zum brandungsumtosten, bei Seeleuten berüchtigten Felsvorsprung im Süden entführt der Bussell Highway. Hinter Augusta, der letzten nennenswerten Ansiedlung, kommt der schlanke, hoch aufragende *Leuchtturm (tgl. 9–17 Uhr | 8 A$, mit Führung 20 A$ | Buchungstel. 08 97 57 74 11 | short.travel/aus46 | ⏲ 1 h)* in Sicht. Bei einer Führung steigst du hinauf bis zum umlaufenden Ausguck mit atemberaubender Fernsicht. *B6*

6 YALLINGUP

42 km / 40 Min. von Margaret River mit dem Auto

Das ist die perfekte Welle: Die Strände von Yallingup sind in Surferkreisen weltweit bekannt. Aber du musst kein Profi-Wellenreiter sein, um dieses hübsche Küstenörtchen voll genießen zu können. Die Strände laden zu traumhaften Spaziergängen ein: Halt die Augen auf, denn oft spielen Delphine in den Wellen. *B6*

7 CAPE NATURALISTE LIGHTHOUSE

60 km / 50 Min. von Margaret River mit dem Auto

Der massive Leuchtturm samt *Maritime Museum* dokumentiert die abenteuerliche Seefahrtsgeschichte in der Geographe Bay. Eine Führung erlaubt, auch vom Balkon oben am Leuchtfeuer den Blick schweifen zu lassen – über den Indischen Ozean, wo zwischen September und Dezember Wale vorbeiziehen. *Tgl. 9–17 Uhr | 5 A$ | short.travel/aus47 | ⏲ 1 h | B6*

8 BUSSELTON

40 km / 40 Min. von Margaret River mit dem Auto

Weiße Sandstrände haben den Küstenort (37 000 Ew.) zu einer beliebten Sommerfrische gemacht. Die Auswahl an guten Unterkünften genügt, um hier, dicht an der *Geographe Bay*, ein paar erholsame Tage zu verbringen. Der 1,8 km hinaus ragende Pier gilt als der längste auf der Südhalbkugel und bietet mittels einer kleinen Bahn Zugang zum *Underwater Observatory (tgl. Führung zur vollen Std. 9–17 Uhr |*

34 A$ inkl. Bahnfahrt | busseltonjetty.com.au | 2 h), wo du die Meereswelt dicht vor Augen hast. *B6*

9 BUNBURY

100 km / 1 Std. 15 Min. von Margaret River mit dem Auto

Der beste Freund des Menschen ist bekanntlich der Hund. Aber wusstest du, dass auch im Wasser ein treuer Spielgefährte auf dich wartet? Die alte Hafenstadt Bunbury (33 000 Ew.) entwickelt sich immer mehr zum Ferienort. Schuld daran sind die zutraulichen Delphine, die regelmäßig die Bucht aufsuchen. Im *Dolphin Discovery Centre (Dez.–April tgl. 8–16, Bootstouren ganzjährig | Koombana Drive | Tel. 08 97 91 30 88 | dolphindiscovery.com.au | 1,5 h)* kannst du die Meeressäuger vom Boot beobachten *(54 A$)* oder im Wasser auf Tuchfühlung gehen *(165 A$, vorbuchen!). visitbunbury.com.au | B6*

KALKSTEINHÖHLEN

Davon gibt es in dem Kaarstgebiet bei Margaret River rund 330. Die wenigen öffentlich zugänglichen Höhlen liegen an der Caves Road. Vor dem Gang in die Unterwelten solltest du18 km nördlich von Margaret River das *Lake Cave Interpretive Centre (tgl. 9–17 Uhr | Eintritt frei | 0,5 h)* besuchen, wo Filme und Animationen umfassend über das Höhlensystem und seine fragile Natur informieren. Hauptattraktion unter der Erde ist die *Jewel Cave (Touren tgl. jede Stunde zwischen 9.30 und 15.30 Uhr | 23 A$ | 35 km südlich | short.travel/aus22 | 1 h)*, allein schon der glamourösen Illumination auf Knopfdruck wegen. Abenteuerlicher ist eine Führung durch die weniger aufgeräumt anmutende Stalaktiten- und Stalagmitenwelt der *Ngilgi Cave (tgl. 9.30–16 Uhr | ab 23 A$ | 40 km nördl. von Yallingup | short.travel/aus23 | 1 h). B6*

EXMOUTH

(A4) **Das Städtchen Exmouth (2200 Ew.) an der Spitze des North West Cape hat sich zum Ausgangspunkt für Touristen entwickelt, die eines der letzten kaum berührten Korallenriffe erleben wollen.**

Das Ningaloo Reef ist ein Kronjuwel im Schatzkasten der australischen Natur. Während dieser Nationalpark aber weitgehend unberührte Natur ist, findest du in Exmouth alle Annehmlichkeiten der Zivilisation, besonders an der modernen *Marina* mit noblen Hotels und guten Restaurants.

RUND UM EXMOUTH

10 NINGALOO REEF ★

150 km / 1 Std. 40 Min. von Exmouth mit dem Auto

Gott speist bekanntlich in Frankreich, zum Schnorcheln aber kommt er ans Ningaloo Reef – aus gutem Grund: Das 260 km lange Riff, seit 2011 Unesco-Weltnaturerbe, erstreckt sich vom kleinen Küstendorf *Coral Bay*

Dem ungefährlichen Walhai kannst du am Ningaloo Reef ganz nah kommen

(coralbay.org) entlang der Halbinsel in Richtung Norden und steht dem ostaustralischen Great Barrier Reef in puncto Schönheit und Vielfalt in nichts nach. Es ist Heimat von mindestens 250 verschiedenen Korallen- und 500 Fischarten. Das Zusammentreffen nährstoffreicher Meeresströmungen und die Nähe zum Kontinentalschelf erklären die Artenvielfalt. Vier Meeresschildkrötenarten leben am Riff, ebenso wie Mantarochen, Buckelwale, Seekühe und verschiedene Haiarten. Einen Namen gemacht hat sich das Ningaloo Reef als einer von wenigen Orten, an denen Walhaie aus nächster Nähe beobachtet werden können. Du darfst mit diesen bis zu 18 m langen Fischen schwimmen – und keine Angst: Die Giganten sind Planktonfresser und völlig ungefährlich.

Das Ningaloo Reef ist zu Fuß vom Festland aus erreichbar. In Lagunen wie der *Turquoise Bay* 60 km südlich von Exmouth kannst du mit Taucherbrille und Schnorchel in hüfttiefem Wasser eine Vielfalt von Korallen und Fischen sehen. Veranstalter, z. B. *Ningaloo Reef Dive (ab 130 A$ | ningalooreef dive.com)*, bieten Tauchtouren in die äußeren Bereiche und Schnorchelexpeditionen zu den Walhaien an. Hauptsaison ist zwischen April und Juni. *A4*

11 CAPE RANGE NATIONAL PARK

35 km / 45 Min. von Exmouth mit dem Auto

Der an das Ningaloo Reef grenzende Nationalpark besticht mit einer Vielzahl geologischer Besonderheiten, Fossilien und 630 Blütenpflanzen. *Ningaloo Safari Tours (Tagestour 240 A$ | 23 Ningaloo Street | Exmouth | Tel. 08 99 49 15 50 | ningaloosafari.com)* zeigen dir die Schönheit des Nationalparks, in dem es ein Camp und toll gelegene Campingplätze gibt. *A4*

12 KARIJINI NATIONAL PARK

640 km / 8 Std. von Exmouth mit dem Auto

Mit 6000 km^2 der zweitgrößte Nationalpark des Bundesstaats, gilt der Karijini östlich von Exmouth mit seinen orangeroten Felsformationen als einer der landschaftlich spektakulärsten. Unterkunft und Verpflegungsmöglichkeiten in *Tom Price* und *Paraburdoo*. Im Park ist Camping erlaubt. *short.travel/aus48* | *B4*

13 MONKEY MIA

705 km / 7 Std. 30 Min. von Exmouth mit dem Auto

In Monkey Mia, auf halbem Weg zwischen Perth und Exmouth, kannst du aus nächster Nähe Delphine beobachten. Die Tiere schwimmen fast jeden Morgen in Strandnähe des *Monkey-Mia-Reservats (10 A$, Familien 28,50 A$ | monkeymiadolphins.org)* und dürfen – unter strikter Kontrolle – in knietiefem Wasser gefüttert werden. Zehntausende von Besuchern kommen allein deswegen jedes Jahr in das Gebiet der Shark Bay. Das Füttern der Delphine ist allerdings nicht unumstritten. Kritiker glauben, es mache die Tiere von Menschen abhängig.

INSIDER-TIPP
Blick in die Wiege der Erde

Im *Hamelin Pool Marine Nature Reserve (short.travel/aus51)* triffst du auf eine Lebensform, die so alt ist wie keine andere auf unserem Planeten: 3,5 Mrd. Jahre haben die Stromatolithen – Fossilien, die durch Mikroorganismen geschaffen werden und sich hier im warmen Ozean verteilen – bereits auf dem Buckel. *A4*

BROOME

(C2) **Segelschiffe gleiten über das samtene Wasser, am Strand ziehen Kamelkarawanen entlang. Und wenn dann in der heimlichen Kimberley-Hauptstadt ★ Broome (14 000 Ew.) noch die feuerrote Tropensonne im Meer verschwindet, hält die Stadt kurz inne.**

Das allabendliche Naturspektakel, zu dem sich Einwohner wie Touristen mit Campingstühlen und Dosenbier einstellen, ist nur ein Grund, weshalb Broome immer öfter nicht nur zum Reiseziel, sondern auch zur Wahlheimat wintermüder Australier wird. Dafür sprechen auch das angenehme Klima und der entspannte, tropische Lebensstil, der in der Perlenstadt gepflegt wird. Bis 1910 war Broome das weltweit führende Zentrum der Perlenzucht und der Perlmuttherstellung. Zwar hat der Tourismus die Perlenzucht als wichtigsten Industriezweig abgelöst, doch wer Perlen kaufen möchte, kann hier immer noch aus dem Vollen schöpfen.

ESSEN & TRINKEN

BAY CLUB

Da fragt man sich, was besser ist: Die sagenhafte Aussicht über die Roebuck Bay oder der mundwässernde Anblick des *catch of the day* auf deinem Teller. Besonders beliebt sind die Spezialitäten vom Grill. *Tgl. | 47 Carnavon Street | im Mangrove Resort | Tel. 08 91 92 13 03 | mangrovehotel.com.au | €€–€€€*

Perlen, Perlen, Perlen – in Broome gibt es sie in Hülle und Fülle

MATSO'S BREWERY

Eine Legende in Broome. Hausgebrautes Bier, Burger und beste Gesellschaft. *Tgl. | 60 Hamersley Street | Tel. 08 91 93 58 11 | matsos.com.au | €€*

SHOPPEN

Die Perlen der *Willie Creek Pearl Farm* kannst du auch im Zentrum *(32 Blackman Street)* und am Cable Beach *(2 Challenor Drive)* erstehen.

STRÄNDE

CABLE BEACH

22 km feinster Sandstrand: Kein Wunder, dass der Cable Beach die größte Attraktion der Stadt ist. Zum Erlebnis gehört ein gemütlicher Strandausritt auf dem Kamel – also schwing dich in den Sattel z. B. mit *Broome Camel Safaris (ab 35 A$ | broomecamelsafaris.com.au).* Ein einzigartiges Naturspektakel zwischen März und Oktober ist das *Staircase to the Moon* genannte Phänomen. Das unvergessliche Schauspiel tritt an drei Tagen im Monat ein, wenn sich der Vollmond bei Ebbe in den Wasserrillen im Sand spiegelt. Wann es so weit ist, erfährst du unter *short.travel/aus52.*

INSIDER-TIPP **Treppe zum Mond**

RUND UM BROOME

14 GANTHEAUME POINT

8 km / 12 Min. von Broome mit dem Auto

Können Felsen wirklich so rot sein? Die kurios aufgeschichteten Sandsteinbrocken an der südwestlichen Spitze von Broome vor dem türkisfarbenen Meer sind die kurze Wanderung (ca. 200 m vom Parkplatz) allemal wert. Bei extremer Ebbe offenbaren sich hier übrigens die 130 Mio. Jahre alten Fußabdrücke von Dinosauriern. Achtung: Die letzten 2 km zum Parkplatz sind nicht asphaltiert und können während der Regenzeit unbefahrbar sein. *C2*

15 MALCOLM DOUGLAS CROCODILE PARK

16 km / 15 Min. von Broome mit dem Auto

Der Tierfilmer Malcolm Douglas, der echte „Crocodile Dundee", hat sich als Fänger gefährlicher Salzwasserkrokodile auch im deutschen Fernsehen einen Namen gemacht. Er starb 2010 bei einem Verkehrsunfall, aber sein Vermächtnis lebt weiter: In seinem großen Park machst du Bekanntschaft mit über 200 Krokodilen und anderen Tieren. *Tgl. 14–17, Krokodilfütterung 15 Uhr | 35 A$, Kinder 20 A$, Familien 90 A$ | Great Northern Highway | malcolmdouglas.com.au | 2 h | C2*

16 WILLIE CREEK PEARL FARM

40 km / 50 Min. von Broome mit dem Auto

Die Perlenstation bietet eine gute Einführung in die Kunst der Perlenzucht. *75 A$, fünfstündige Bustour ab Broome 120 A$ | Buchungstel. (Tour) 08 91 92 00 00 | williecreekpearls.com.au | 1,5 h | C2*

17 CAPE LEVEQUE

208 km / 4 Std. von Broome mit dem Auto

Lust auf Allradabenteuer? Dann ist die zum größten Teil den Aborigines gehörende Dampier-Halbinsel genau

Wer stundenlange Spaziergänge an einsamen Stränden liebt, ist am Cape Leveque richtig

richtig für dich. Eine Sand- und Schotterpiste führt nach Cape Leveque, wo einsame Strände zum Fischen und Sonnenbaden gleichermaßen geeignet sind. Die Übernachtungsmöglichkeiten sind spärlich, daher unbedingt vorbuchen – auch den Campingplatz! *C2*

18 DERBY

220 km / 2 Std. 30 Min. von Broome mit dem Auto

Zugegeben, das kleine Städtchen (3300 Ew.) am Rande der Kimberley-Region ist beachtlich unspektakulär und machte sich geschichtlich höchstens durch triste Ereignisse einen Namen: Im Zweiten Weltkrieg gingen in Derby einige japanische Bomben nieder, und in jüngeren Jahren wurden hier illegale Einwanderer festgehalten. Aber du kommst nicht wegen der Stadt, sondern wegen der sensationellen *Horizontal Waterfalls* in der Talbot Bay – einer Bucht, in der die starke Strömung das Wasser durch die engen Inselspalten schießen lässt. Flüge starten ab Derby und Broome. Tagestour ab Broome z. B. mit *Go Horizontal Falls Tour (800 A$ | gohorizontalfallstours.com.au). C2*

KIMBERLEY

(C–D2) **Lust auf Abenteuer? Die riesige ★ Kimberley-Region ist etwas für abenteuerlustige Besucher. Gewaltige Schluchten, Wasserfälle, endlose Weiten und eine ganz spezielle Felsmalereien locken Besucher in den hohen Norden von Western Australia.**

Das 423 000 km² große Naturgebiet (zum Vergleich: Deutschland hat eine Fläche von 357 000 km²) zwischen den Städten Broome im Westen und Kununurra im Osten ist auf weiten Strecken menschenleer. Die kaum berührte Landschaft gehört zu den schönsten, die Australien zu bieten hat. Eine Reise durch die Kimberleys ist nicht nur zeitaufwendig, sie kann auch eine echte Herausforderung sein. Nimm dir also Zeit, um die Tour gut zu planen: Detaillierte Informationen findest du auf *kimberleyaustralia.com*. Zwar ist der *Great Northern Highway*, der über 1000 km von Broome nach Kununurra führt, ganzjährig befahrbar, für Abstecher in die zahlreichen Schluchten benötigst du jedoch ein Allradfahrzeug. Während der *wet season* von November bis April sind weite

Eine Tour auf der Gibb River Road ist nur zu bestimmten Zeiten möglich

Teile der Region komplett überspült, beste Reisezeit sind Mai/Juni sowie September/Oktober. Im Juli und August sind viele Motels und Zeltplätze selbst in den abgelegensten Teilen ausgebucht.

SIGHTSEEING

GIBB RIVER ROAD

Die unbefestigte Straße führt zu den bekanntesten Schluchten des *Devonian Reef*, den Hauptsehenswürdigkeiten in der Kimberley-Region. Sie ist jedoch nur in den trockenen Monaten befahrbar, also nicht von Dezember bis April, und nur Allradfahrzeuge sollten die Gibb River Road in Angriff nehmen. Erkundige dich zuvor beim *Main Road Department (Tel. 08 91 68 47 77 | mainroads.wa.gov.au | short.travel/aus45)* nach der Befahrbarkeit.

KUNUNURRA

(🕮 D2) **Die Kleinstadt (5300 Ew.) an der Grenze zum Northern Territory entstand erst in den 1960er-Jahren mit dem Bau des gewaltigen Ord-River-Staudamms.**

Auf dem über 1000 km² großen Stausee *Lake Argyle* werden Schiffstouren angeboten. Wag dich hinaus zum *El Questro Wilderness Park (Mai–Okt. |*

elquestro.com.au). Die Anlage mit ihren diversen Unterkünften ist ein idealer Ausgangspunkt für Touren mit garantiert großartigen Naturerlebnissen.

RUND UM KUNUNURRA

19 PURNULULU NATIONAL PARK

291 km/4 Std. 15 Min. von Kununurra mit dem Auto

Der Besuch des Nationalparks ist nur während der Trockenzeit, etwa von Mai bis September, möglich. Die durch Flechten in verschiedenen Farbtönen gestreiften Sandsteinformationen der *Bungle Bungles,* 300 km südlich von Kununurra sind mindestens so spektakulär wie der Uluru. Ab der Great Northern Road ist der Park auch bei guten Witterungsbedingungen nur für Allradfahrzeuge zugänglich (Schotterstrecke mit mehreren Bachdurchquerungen). *hallscreektourism.com.au)* | *D2*

SCHÖNER SCHLAFEN IN WESTERN AUSTRALIA

(NICHT) NUR FÜR VOGELFREUNDE

Der schöne *BBO Campground (Crab Creek Road | 6 km unasphaltiert | Tel. 08 91 93 56 00 | broomebirdobservatory.com | €)* liegt an der Roebuck Bay, ca. 25 km von Broome. Der Campingplatz besitzt zwar keinen Stromanschluss, aber ganz besondere Ausblicke: Unter Ornithologen zählt dieses Vogelobservatorium zu den fünf bedeutendsten der Welt.

VERSTECKTER LUXUS

Mit vier einsam im Busch platzierten Eco-Chalets garantiert das idyllische *Hidden Valley Forest Retreat (Hagg Road | ca. 30 km nördlich von Margaret River | Tel. 08 97 55 10 66 | yourhiddenvalley.com | €€€)* absolute Privatsphäre. Nur wer sein Abendessen nicht selbst zubereiten will, bekommt Besuch – vom Koch, der ein ganz privates Gourmetdinner zaubert.

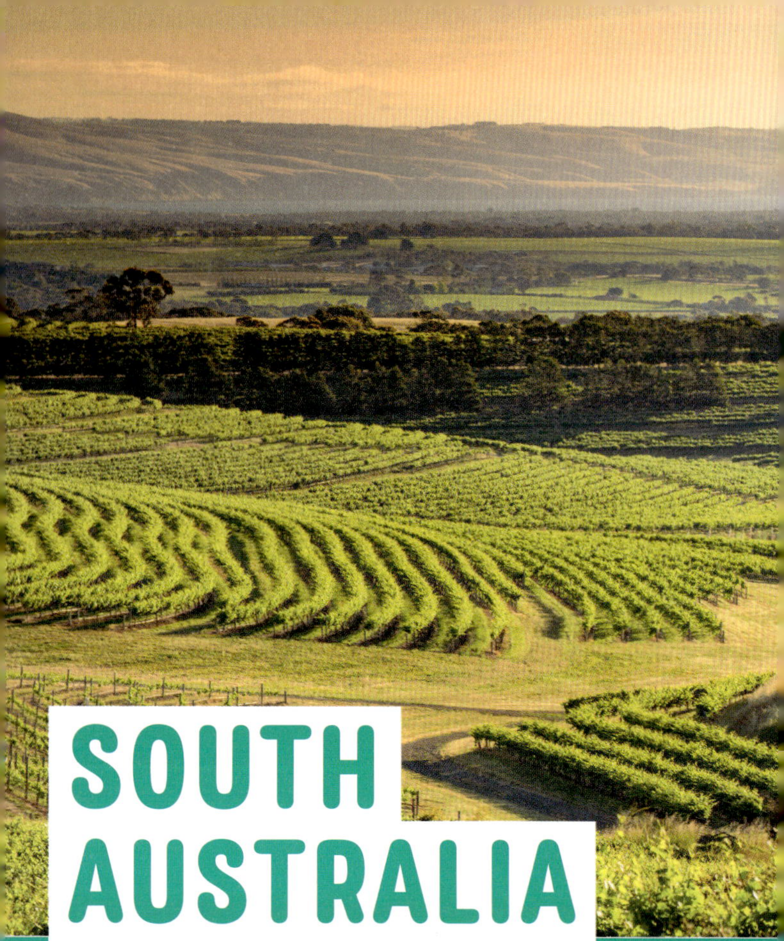

SOUTH AUSTRALIA

WÜSTE, WEIN UND WEITER HIMMEL

Roter Sand, grüne Weinberge, bizarre Felsformationen und ganz viel Wildlife – South Australia kann Naturabenteuer besonders gut.

In dem fast 1 Mio. km² großen Bundesland leben etwa 1,8 Mio. Menschen, die meisten in der hübschen, gepflegten Hauptstadt Adelaide und in den fruchtbaren Gebieten um die Lebensader Südaustraliens, den mächtigen Murray River. In den landwirtschaftlichen Gebieten des Südens wachsen Weintrauben, Obst und Getrei-

Heiß und trocken: Im Mclaren Vale gedeiht der Shiraz bestens

de. Im Westen und Norden gehen diese in weitläufige Rinder- und Schafzuchtgebiete, dann in trockene Zonen und faszinierende Wüste über. Fast überall gibt es versteckte Oasen mit einem großen Reichtum an Pflanzen und Tieren. Nach den seltenen, aber dann heftigen Regenfällen beginnt auch in den trockensten Landesgebieten alles zu leben. Wildblumenteppiche sprießen, Insekten summen, Vögel sammeln sich um die plötzlich entstehenden Seen und Tümpel, Kängurus und kleine Beuteltiere sind überall anzutreffen.

SOUTH AUSTRALIA

MARCO POLO HIGHLIGHTS

★ **ADELAIDE**
Elegante Kulturstadt zwischen Meer und Weinbergen ➤ S. 144

★ **BAROSSA VALLEY**
Deutsches Siedlererbe zwischen Hunderten von Weingütern ➤ S. 149

★ **FLINDERS RANGES NATIONAL PARK**
Rote Felsen, tiefe Schluchten und Höhlenmalereien ➤ S. 151

★ **KANGAROO ISLAND**
Paradies für Tierliebhaber: Begegnungen mit Kängurus, Koalas, Seelöwen und Pinguinen garantiert! ➤ S. 148

★ **EYRE PENINSULA**
Traumhafte, menschenleere Küste und die unberührte Wildnis der Gawler Ranges ➤ S. 150

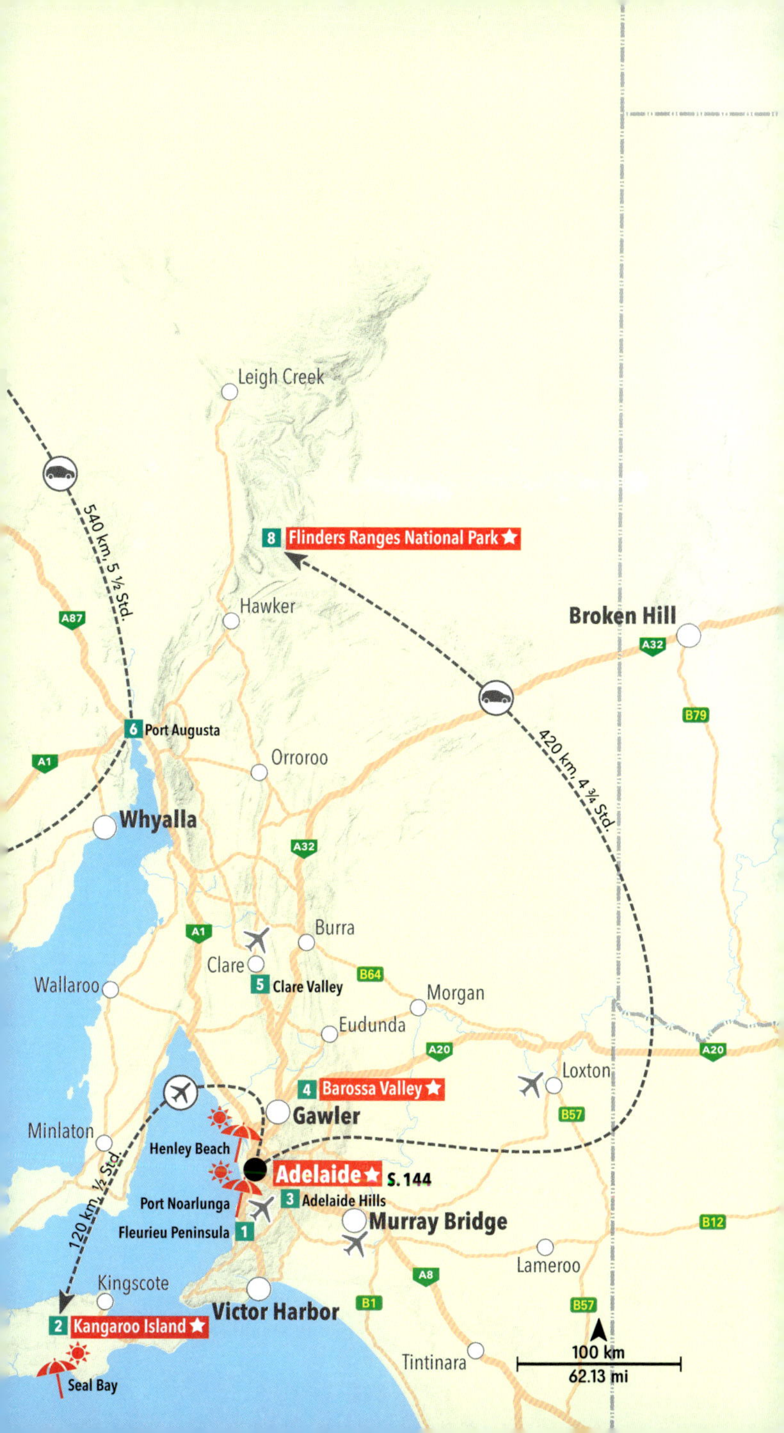

Leigh Creek
540 km, 5 ½ Std.
8 Flinders Ranges National Park
A87
Hawker
Broken Hill
A32
B79
6 Port Augusta
A1
Orroroo
420 km, 4 ¾ Std.
Whyalla
A32
A1
Burra
Clare
5 Clare Valley
Wallaroo
B64
Morgan
Eudunda
A20
A20
Loxton
4 Barossa Valley
Gawler
B57
Minlaton
Henley Beach
120 km, ½ Std.
Adelaide
S. 144
3 Adelaide Hills
Port Noarlunga
Murray Bridge
Fleurieu Peninsula 1
B12
Lameroo
A8
Kingscote
Victor Harbor
B1
B57
2 Kangaroo Island
Tintinara
100 km
62.13 mi
Seal Bay

ADELAIDE

(📖 F6) **Jahr um Jahr sichert sich ★ Adelaide (1,3 Mio. Ew.) einen Platz in den Top Ten der lebenswertesten Städte der Welt.**

WOHIN ZUERST?

Der **Victoria Square** ist Ausgangspunkt, wenn man auf die Gastroszene der Grote Street Appetit hat, mit der Straßenbahn nach Glenelg fahren will oder die zehn Minuten Fußweg zur North Terrace, erste Adresse für die Hauptattraktionen der Stadt, nicht scheut. An der *railway station* dort landet auch, wer mit dem Zug anreist.

Als Besucher mag sich dir der ruhige Charme der City nicht gleich offenbaren. Trau dich raus in die Vororte an der Küste wie Brighton, Glenelg oder Henley Beach. Oder mach einen Abstecher in die Adelaide Hills und die Weinregionen Barossa Valley und McLaren Vale. Kein Zweifel: Es lebt sich ganz schön gut hier.

Übrigens: Sträflinge kamen nicht nach South Australia – eine Tatsache, auf die die South Australians gern hinweisen. Viele der europäischen Siedler, die in der ersten Hälfte des 19. Jhs. hier eintrafen, waren Menschen, die aus religiösen oder politischen Gründen ihre Heimat verlassen mussten. Adelaide ist auch heute eine tolerante, multikulturelle und kultivierte Stadt mit zahlreichen Museen, Theateraufführungen und Konzerten.

Die *Adelaide Greeters (Tel. 08 82037203 | short.travel/aus25)* führen dich kostenlos durch die Stadt: So bekommst du nicht nur Hintergrundwissen, sondern machst auch eine interessante Bekanntschaft. Reservier mindestens drei Tage im Voraus!

SIGHTSEEING

ART GALLERY OF SOUTH AUSTRALIA

Ein Muss für Kunstliebhaber: Mit seinen 35 000 Werken beheimatet das Museum die zweitgrößte Kunstsammlung Australiens. Besonders imposant ist die australische Kollektion. *Tgl. 10–17 Uhr | Eintritt frei | North Terrace | artgallery.sa.gov.au | 1–2 h*

SOUTH AUSTRALIAN MUSEUM

Die größte Schlange misst von Kopf bis Schwanz 6 m und tötet ihre Beute durch Erwürgen. Zum Glück ist die Wonambi seit rund 40 000 Jahren ausgestorben. Nur hier im Museum begegnest du dem hinterhältigen Vertreter der australischen Megafauna noch – oder zumindest seinem Fossil. Schau auch unbedingt in der Aborigineausstellung vorbei. *Tgl. 10–17, kostenlose Führungen 11 Uhr | Eintritt frei | North Terrace | samuseum.sa.gov.au | 1,5 h*

MIGRATION MUSEUM

Wusstest du, dass deutsche Einwanderer maßgeblich an der Entstehung Adelaides beteiligt waren? Hier kannst du für einen Moment in ihre Haut schlüpfen. *Tgl. 10–17 Uhr | Eintritt frei (Spende erwünscht) | 82 Kintore Av. | migration.history.sa.gov.au | 1,5 h*

TANDANYA – NATIONAL ABORIGINAL CULTURAL INSTITUTE

Das Kulturinstitut der Kaurna-Aborigines besitzt Galerien mit Kunst und Kunsthandwerk und zeigt wechselnde Ausstellungen. In den Schulferien finden oft gute *cultural performances* statt, Infos online. *Mo–Sa 10–17 Uhr | Eintritt frei | 253 Grenfell Street | Tel. 08 82243200 | tandanya.com.au | 1 h*

ADELAIDE BOTANIC GARDEN

Vielleicht ist dir das große, auffällige Glasgewölbe schon beim Anflug auf Adelaide ins Auge gesprungen. Das Gewächshaus mit seinen bunten Vögeln und Insekten ist nur eines der Highlights dieses friedlichen Parks. *Mo–Fr 7.15 bis Sonnenuntergang, Sa, So ab 9 Uhr, kostenlose Führungen tgl. 10.30 Uhr ab Schomburgk Pavilion | Eintritt frei | North Terrace | short.travel/aus24 | 1–2 h*

NATIONAL WINE CENTRE

Der futuristische Bau des Weinzentrums liegt am Rand des botanischen Gartens und vermittelt dir interaktiv alles über den Weinbau Südaustraliens, der vor allem für seine erdigen, würzigen Rotweine bekannt ist. Das Zentrum hat einen ausgezeichneten Keller, in dem du auch rare australische Weine kaufen kannst. *Weinproben Mo–Mi 8–18, Do, Fr 8–21, Sa 9–21, So 9–18 Uhr | Yarrabee House | Botanic Road/Hackney Road | wineaustralia.com.au | 1–2 h*

GLENELG

Eine Straßenbahn fährt vom Victoria Square in etwa 20 Minuten zum beliebtesten Strandvorort von Adelaide. Bummel durch die Läden entlang der Jetty Road, hol dir ein großes Eis und schlendere hinaus aufs Jetty. Nur fünf Minuten von der Straßenbahnhaltestelle entfernt startet der Katamaran von *Temptation Sailing* an der Holdfast Marina zu 3,5-stündigen *Swim-with-Dolphins-Touren (ab 100 A$, Zusehen ab 70 A$ | Tel. 04 12 81 18 38 | dolphinboat.com.au).*

INSIDER-TIPP
Schwimmen mit Delphinen

PORT ADELAIDE

Das historische Hafenviertel im Nordwesten der City hält die Anfänge der Stadt lebendig. Bei einem Rundgang durch die restaurierten Straßenzüge dient die beim Visitor Centre erhältliche Broschüre „Walk The Port" als hilfreicher Wegweiser. Der Weg führt auch zum 1868 errichteten Leuchtturm und zum sehenswerten *South Australia Maritime Museum (tgl. 10–17 Uhr | 15 A$, online günstiger | 126 Lipson Street | maritime.history.sa.gov.au | 1,5 h).*

CLELAND WILDLIFE PARK

Kängurus und Emus füttern mit Blick auf die Skyline von Adelaide. Der große Park ist ideal, um mit den tierischen Einheimischen in Kontakt zu kommen. Futter wird am Eingang verkauft. *Tgl. 9.30–17 Uhr | 30 A$, Kind 15 A$, Familien 74 A$ | 365 Mount Lofty Summit Road | Crafters | clelandwildlifepark.sa.gov.au | 1,5 h*

ESSEN & TRINKEN

Der *Central Market* und die benachbarte *Gouger Street* haben die größte Auswahl an Restaurants und Cafés.

JASMIN INDIAN RESTAURANT

Schon der Duft von Kümmel, Kardamom und Muskat wird dir das Wasser im Mund zusammenlaufen lassen. *Di–Sa abends, Do, Fr auch mittags | 31 Hindmarsh Square | Tel. 08 22 37 83 7 | jasmin.com.au | €€*

ORANA

Akazienkerne und australische Molluske: Wag dich in diesem Lokal mit von den Aborigines inspirierter Gastronomie hinaus auf unbekanntes kulinarisches Terrain. Das Degustationsmenü mit sieben bis neun Gängen (120 A$), das nur freitagmittags aufgetischt wird, lässt dich von allem was probieren. *Di–Sa nur abends, freitags auch mittags | 285 Rundle Street | 1. Stock | Tel. 08 82 32 34 44 | restaurantorana.com | €€€*

INSIDER-TIPP
Ureinwohnerkost im Test

SHOPPEN

In Adelaide kann man gut Opale, Outbackkleidung, Kunsthandwerk und Aboriginekunst kaufen. Die *Rundle Mall* ist das Shoppingzentrum mit Läden, Cafés, Arkaden und den als Fotomotiven beliebten Bronzeschweinchen ebenso wie die King William Road (Hyde Park) und die *Jam Factory Contemporary Craft & Design (19 Morphett Street | jamfactory.com.au).*

CENTRAL MARKET

Der überdachte Markt beherbergt über 80 Stände mit Obst, Gemüse, Fisch und Fleisch aus der Umgebung. In kleinen Buden kann man asiatische und europäische Gerichte probieren. *Di–Sa | Grote Street | adelaidecentralmarket.com.au*

STRÄNDE

Wunderschöne Sandstrände ziehen sich die gesamte Küste entlang. Von der City aus erreichst du zuerst *Glenelg* und *Henley Beach*. Weiter südlich liegen weitere tolle Strände, die auch bei Surfern sehr beliebt sind: Schau mal an den Stränden von *Brighton*, *Port Noarlunga* und *Moana* vorbei.

AUSGEHEN & FEIERN

Die Donnerstagsbeilage der Zeitung „Adelaide Advertiser" gibt einen Überblick über Theater, Konzerte und Ausstellungen. Tickets für viele Veranstaltungen werden über *BASS (Tel. 13 12 46 | bass.net.au)* gebucht. Die populärsten Livebühnen für Rockmusik sind *Fowlers Live (68 North Terrace | fowlerslive.com.au)* und die *Enigma Bar (173 Hindley Street | enigmabar.com.au)*. Was kulturell wo geboten wird, erfährst du auch unter *whatsoninadelaide.net.au*.

RUND UM ADELAIDE

1 FLEURIEU PENINSULA

50 km / 1 Std. von Adelaide mit dem Auto

Die Bewohner Adelaides schätzen die südlich gelegene Halbinsel als attraktives Naherholungsziel mit geschützten Badestränden vor allem an der

Die „beschirmte" Adelaide Arcade ist ein Teil der Rundle Mall

Nordwestseite. Landeinwärts, rund um die ländliche Ortschaft *McLaren Vale,* machen über Hundert Kellereien ein renommiertes Weinanbaugebiet aus. Bei Verkostungstouren hilft eine Karte des örtlichen *Visitor Centre (Main Road | Tel. 08 83 23 99 44 | mclarenvale.info).*

Populär ist *Goolwa* am *Lake Alexandrina:* schöner Strand, reichlich Unterkünfte und Restaurants sowie Gelegenheit, mit einer Bootstour in den *Coorong National Park* vorzustoßen; *Coorong Cruises (ab 115 A$ | Tel. 08 85 55 22 03 | coorongcruises.com.au).* Schau im gemütlichen *Victor Harbor (holidayatvictorharbor.com.au)* (15 000 Ew.) im *South Australian Whale Centre (tgl. 9–17 Uhr | 9 A$ | 2 Railway Terrace | sawhalecentre.com.au | 1,5 h)* vorbei. Das informiert über die Südlichen Glattwale, die man hier von Juni bis September beobachten kann. Die Victor Harbor vorgelagerte Insel *Granite Island* ist das Zuhause von rund 2000 kleinen Fairy-Pinguinen und über eine hölzerne Brücke zu erreichen. Du kannst gemütlich hinüberschlendern oder nimmst die *Pferdebahn (tgl. 10–16 Uhr | Rückfahrticket 10 A$ | horsedrawntram.com.au).* F6

2 KANGAROO ISLAND ★

120 km / 30 Min. von Adelaide mit dem Flugzeug

Kangaroo Island ist ein Paradies für Tier- und Naturliebhaber. Du kannst von Adelaide in ca. 30 Minuten auf die Insel fliegen, z. B. mit *Regional Express/Rex (rex.com.au)* oder mit der Autofähre *Kangaroo Island Sealink Ferry (PKW mit 2 Pers. etwa 400 A$ | Tel. 013 13 01 | sealink.com.au)* in knapp einer Stunde von Cape Jervis auf der Fleurieu Peninsula nach Penneshaw übersetzen. Neu ist die Passagierfähre der Firma *kic (Tel. 0419 10 01 00 | kic.com.au),* mit der sie dich für nur 25 A$ (einfach) nach Kangaroo Island bringt. Dort stellt sie dir einen Mietwagen (ab 80 A$/Tag) zur Verfügung, denn auf der Insel gibt es kein öffentliches Verkehrssystem.

INSIDER-TIPP
Für weniger Geld zur Insel

Über die Hälfte von Kangaroo Island ist dicht bewaldet, über 30 Prozent der Wildnis ist Nationalpark. Die Strände der Insel bevölkern riesige Seehund- und Seelöwenkolonien. Im *Seal Bay Conservation Park (Führungen tgl. ab 9 Uhr | ab 35 A$)* an der *Seal Bay* im Süden kannst du in Begleitung von Rangern eine Kolonie von mehreren Hundert Seelöwen besuchen. Pelikane drängen sich abends um den Pier von *Kingscote.* Im Winter ruhen sich Südliche Glattwale vor der Insel aus. Wer nicht nur wandern und Tiere sehen möchte, kann auf Kangaroo Island schwimmen, surfen, tauchen, reiten, Fahrrad fahren, Honig und Eukalyptusölprodukte kaufen – und sehr gut essen. Schau z. B. mal bei *Island Beehive (59 Playford Hwy, Kingscote)* vorbei und probier den köstlichen Stringy Bark Honey – eine süße Massage für den Gaumen.

INSIDER-TIPP
Schlecken statt schlemmen

Tagesausflüge ab Adelaide mit Bus und Fähre dauern ca. 16 Stunden, besser ist es, mindestens zwei Tage für die Insel einzuplanen. Gute naturkundliche Touren, auch in deutscher Sprache und für Selbstfahrer, organisiert *Kangaroo Islands Odysseys (ab 460 A$ | Tel. 08 85 53 03 86 | kangarooislandodysseys.com.au).* Umfassende Infos unter *tourkangarooisland.com.au.* F6–7

3 ADELAIDE HILLS

27 km / 35 Min. von Adelaide mit dem Auto

Etwa 30 km außerhalb von Adelaide beginnt eine liebliche Hügellandschaft, die Adelaide Hills. Dort gründeten 1839 50 deutsch-lutheranische Familien, die mit dem Schiff „Zebra" nach Südaustralien gekommen waren, den Ort *Hahndorf* (2700 Ew.). Fachwerkhäuser deutscher Bauweise, eine alte deutsche Metzgerei, ein deutsches Gasthaus, ein antikes Uhrenmuseum und zahlreiche oft deutschtümelnde Andenkenläden und Restaurants locken jedes Jahr eine große Zahl von Touristen nach Hahndorf. *hahndorfsa.org.au* | F6

4 BAROSSA VALLEY ★

73 km / 1 Std. von Adelaide mit dem Auto

Herrlicher Wein, Schwarzbrot, Sauerteig, Käse, Oliven, geräucherte Wurst und Schinken – und historische Dörfer in lieblicher Landschaft: Das ist „The Barossa", etwa 55 km nordöstlich von Adelaide gelegen und ein Muss für Weinliebhaber, denn es beherbergt über fünfzig Kellereien. 1840 siedelten sich hier die ersten britischen Bauern an. Ab 1842 gesellten sich Lutheraner aus Schlesien, Brandenburg

Die Rebstöcke im Barossa Valley haben deutsche Wurzeln

und Posen dazu, die die ersten Weinreben in das heute weltberühmte Weinanbaugebiet brachten.

Die erste deutsche Siedlung, *Bethany*, ist ein traditionelles Hufendorf. *Tanunda* (4600 Ew.), das ehemalige Langmeil, ist ein guter Ausgangspunkt für eine Wein-und-Schlemmertour durch die Region. Eine Nacht solltest du mindestens bleiben, am besten in einem der schönen B & Bs mit Blick über die Weinberge und üppigem Frühstück. Hol dir im *Barossa Wine & Visitor Centre (66–68 Murray Street | Tanunda | Tel. 1300 85 29 82 | barossa.*

com) die *Winery Map*, die den *Scenic Drive 4* durchs Barossa Valley beschreibt. Stopps lohnen sich bei den Winzern an der Para Road sowie bei Penfolds, Charles Melton, Bethany Wines und Villa Tinto. Die riesige *Seppeltsfield Winery* hat ein „Archiv" angelegt: Seit 1878 wird dort von jedem Jahrgang ein Fass für die Ewigkeit eingelagert. *F6*

5 CLARE VALLEY

140 km / 2 Std. von Adelaide mit dem Auto

Nördlich von Adelaide liegt ein weiteres idyllisches Weinanbaugebiet, für das man sich am besten zwei Tage Zeit nimmt, vor allem um das ein oder andere preisgekrönte Weingut zu besuchen. Die Kellerei *Knappstein Wines (Mo–Fr 9–17, Sa 11–17, So 11–16 Uhr | 2 Pioneer Av. | Tel. 08 88 41 21 00 | knappstein.com.au)* steht für beste Qualität, ob rot oder weiß. Und bei *Skillogalee Wines (tgl. 8–17 Uhr | Tel. 08 88 43 43 11 | skillogalee.com.au)* wird nicht nur ein wohlbekömmlicher Riesling ausgeschenkt, sondern auch leckerer Lunch serviert.

INSIDER-TIPP
Weintour per Drahtesel

Wer mindestens einen Tag mehr Zeit übrig hat, kann auf dem *Riesling Trail* mit dem Fahrrad die weinselige Gegend zwischen *Auburn* und *Clare* erkunden. Räder vermietet *Clare Valley Cycle Hire (32 Victoria Road | 0418 80 20 77 | clarevalleycyclehire.com.au)*, Kartenmaterial und andere Infos erhältst du im *Clare Valley Wine, Food & Tourism Centre (8 Spring Gully Road | Tel. 88 42 21 31 | clarevalley.com.au)*. *F6*

6 PORT AUGUSTA

305 km / 3 Std. 30 Min. von Adelaide mit dem Auto

Die Hafenstadt (14 000 Ew.) mit sehenswertem historischem Zentrum fungiert in erster Linie als Versorgungszentrum für das entlegene Landesinnere weiter nördlich und ist ein *gateway to outback* sowohl für Straße wie Schiene: Von hier führen der Stuart Highway und der legendäre „Ghan" bis Darwin, der Eyre Highway endet in Western Australia. Einen hervorragenden Einblick ins Outback und seine tiefreichende Geschichte gibt das *Wadlata Outback Centre (Mo–Fr 9–17, Sa, So 10–16 Uhr | 22 A$ | 41 Flinders Terrace | wadlata.sa.gov.au | 1,5 h)*. *F6*

7 EYRE PENINSULA ★

638 km / 7 Std. von Adelaide mit dem Auto

Eine traumhafte Küste mit feinen Sandstränden zeichnet die Halbinsel westlich von Adelaide aus; im Hinterland finden sich die Wüstenebenen und Wildnisgebiete der Gawler Ranges und der ausgetrocknete Salzsee *Lake Gairdner*. Zentrale Anlaufstelle ist das Kangaluna Camp, eine komfortable Zeltunterkunft, von der aus es ca. zwei Fahrstunden bis zur *Baird Bay* sind. An dieser wunderschönen Bucht darfst du übrigens mit Seelöwen und Delphinen schwimmen *(tgl. ab 9 Uhr | 180 A$ | bairdbay.com)*, und die neugierigen Meeresbewohner kommen dir direkt bis vor die Taucherbrille. Unternimm auch einen Abste-

INSIDER-TIPP
Nasenkuss mit Seelöwen

cher zur Venus Bay mit ihrem traumhaften Strand. *E-F6*

8 FLINDERS RANGES NATIONAL PARK ★

420 km / 4 Std. 45 Min. von Adelaide mit dem Auto

Die bizarren rot oder violett schimmernden Felsenformationen des rund 950 km² großen Nationalparks ragen über 400 km nördlich von Adelaide aus einer weiten Ebene. Tiefe Schluchten durchziehen die überwiegend trockene Zone. Die meisten Touren oder Unterkünfte in dieser herrlichen Wildnis solltest du bereits von Adelaide aus buchen. Ein Allradwagen ist nur abseits der Hauptstrecke nötig. Der *Wilpena Pound*, eine riesige, von einem Ring zackiger Felsen umgebene Landschaft, ist das Wahrzeichen der Flinders Ranges. Vor über 500 Mio. Jahren war diese Hochebene Teil des Meeresbodens, wovon zahlreiche Versteinerungen in den Felsen zeugen. Als Ausgangsbasis und Unterkunft bietet sich das *Wilpena Pound Resort (wilpenapound.com.au)* an, hier erhältst du auch Informationen und Kartenmaterial.

Iga Warta (Tel. 08 8 64 83 73 | igawarta.com) ist ein Kulturzentrum, das Besucher in die Adnyamathanha-Kultur einführt. Besitzer Cliff Coulthard, der in Frankreich bei der Sicherstellung und Interpretation der Felsmalereien von Lascaux half, zeigt seinen Gästen einige der zahlreichen Felsmalereien und Ritzungen in den Schluchten der Flinders Ranges. Die Gäste helfen mit beim Jagen und Sammeln von *bushfood*, wandern oder reiten auf den Pferden der Familie tief ins Gebirge. Touren *(ab 75 A$)* können einige Tage oder nur ein paar Stunden dauern. Falls du bleiben willst: Schlag auf Iga

Cliff Coulthard erläutert die Felszeichnungen in den Flinders Ranges

Eher was für Minimalisten ist diese Wohnung in einem *dugout*

Warta (bei Copley) dein Zelt auf oder nimm eine der rustikalen *cabins* oder Safarizelte. *F5–6*

COOBER PEDY

(E5) **Tagsüber schwelende Hitze, nachts Frost. Und dann immer diese Fliegen! Das Klima in Coober Pedy (3500 Ew.) auf halbem Weg zwischen Adelaide und Alice Springs ist so unerträglich, dass praktisch die ganze Stadt unter Tage lebt. Warum, zum Teufel, wohnt hier überhaupt jemand?**

Ganz einfach: In und um Coober Pedy *(*Aboriginal *kuba piti* = weißer Mann in einem Loch*)* werden etwa drei Viertel aller weißen Opale weltweit gefunden. Bei Tagestemperaturen von bis zu 45 Grad und eisiger Kälte in der Nacht erstaunt es nicht, dass die meisten Bewohner in ausgedienten Minen leben. Ganze Wohnungen und sogar Kirchen und Hotels wurden in das Gestein gehauen. In den *dugouts* herrschen das ganz Jahr hindurch Temperaturen von angenehmen 24 Grad.

Einen guten Einblick in das Leben hier und die Natur des Outbacks vermittelt die Fahrt mit dem Postboten, der *Mail Run (Mo, Do 9 Uhr | 600 km in ca. 12 Std. | 270 A$ | Tel. 08 86 72 52 26 | mailruntour.com.au)*, der von Coober Pedy nach *Oodnadatta* und *William Creek* führt. Ziel eines einstündigen Rundflugs ist *Anna Creek Painted Hills*, eine ca. 300 km² große Sandsteinhügellandschaft, die in allen Farben schimmert *(ab Coober*

Pedy bzw. William Creek 320 A$ | wrightsair.com.au).

SIGHTSEEING

OLD TIMERS MINE

Durch die ehemalige Opalmine werden Touren angeboten. Auch zwei *Dugout*-Wohnungen sind zu besichtigen. *Tgl. 9–17 Uhr | 15 A$ | Crowders Gully Road | cooberpedy.com/old-timers-mine*

ESSEN & TRINKEN

OUTBACK BAR & GRILL

Tankstelle, Pub und Restaurant in einem. Das mag nun nicht gerade einladend klingen, aber die Burger sind die besten der Stadt. *Tgl. | 454 Hutchison Street | Tel. 08 86 72 32 50 | €*

SHOPPEN

Geschäfte in der Hutchison Street verarbeiten Opale und verkaufen Schmuck. Die Preise sind hier niedriger als in Großstädten *(cooberpedy.com/opals-2)*. Schau z. B. mal bei *Opalios (8 Hutchison Street | opalios.com.au)* vorbei.

RUND UM COOBER PEDY

9 THE KANKU BREAKAWAYS CONSERVATION PARK

32 km / 30 Min. von Coober Pedy mit dem Auto

Das vegetationsarme Hügelgebiet, das je nach Stand der Sonne in verschiedenen Farben leuchtet, erstreckt sich nördlich von Coober Pedy und ist immer wieder mal Filmkulisse. Der Panorama Hill etwa spielte eine wichtige Rolle in dem 1979 gedrehten Actionfilm „Mad Max", der Mel Gibson zum internationalen Durchbruch verhalf. *E5*

SCHÖNER SCHLAFEN IN SOUTH AUSTRALIA

FEUERWACHE ODER VILLA?

Die *North Adelaide Heritage Group (Tel. 08 82 67 20 20 | adelaideheritage.com | €€€)* bietet 19 Unterkünfte in der City und North Adelaide in traditionsreichen Häusern aus der Vergangenheit. So kannst du es dir z. B. in Adelaides erster Feuerwache bequem machen oder in einem der alten Herrenhäuser Quartier beziehen.

EINE NACHT IN DER MINE

Wie es sich in einem *dugout* (Graben) wohnt, kannst du in *Radeka's Dugout Backpackers (34 Zi. | Oliver Road | Tel. 08 86 72 52 23 | radekadownunder.com.au | €–€€)*, einer ehemaligen Opalmine in Coober Pedy, ausprobieren. Das Angebot reicht von der preiswerten Schlafstatt im Mehrbettzimmer bis zur unterirdischen Familiensuite.

TASMANIA

AUSTRALIEN IM KOMPAKTFORMAT

Für das restliche Australien ist Tasmanien diese kleine Insel „under Down Under", wo die Uhren irgendwie langsamer ticken. Die Tasmanier bezeichnen das australische Festland im Gegenzug selbstbewusst als „die Nordinsel".

Für seine übersichtliche Größe hat der Inselstaat so einiges zu bieten: Fast ein Drittel Tasmaniens ist geschützte Wildnis – zackige Felsgipfel, riesige Farne, moosüberwachsene Urwaldriesen, Wildbäche, Seen und versteckte Strände. Dazu kommen wunderschöne Berg-

Tasmanien ist auch eine Wanderdestination wie am Dove Lake vor dem Cradle Mountain

landschaften im Landesinneren und traumhafte Buchten entlang der Ostküste.

In Isolation vom australischen Festland haben sich hier Pflanzen und Tiere entwickelt, die es sonst nirgendwo gibt. Die Insel, etwa so groß wie Bayern, ist der kleinste und kühlste Staat Australiens. Die meisten der knapp 520 000 Einwohner leben in Hobart im Süden und Launceston im Norden. Tasmanien erforschst du am besten mit einem Mietwagen, Unterkünfte solltest du im Sommer vorbuchen.

TASMANIA

MARCO POLO HIGHLIGHTS

★ HOBART
Hauptstadt in perfekter Lage zwischen Berghängen und Wasser ➤ S. 158

★ CRADLE MOUNTAIN-LAKE ST. CLAIR NATIONAL PARK
Kaum berührte Bergwildnis mit herrlichen Wanderwegen ➤ S. 164

★ PORT ARTHUR
Ruinen mit einer grausamen Geschichte, angesiedelt in lieblicher Umgebung ➤ S. 160

★ STRAHAN
Fischerdorf und Tor zur Wildnis Tasmaniens ➤ S. 164

★ FRANKLIN-GORDON WILD RIVERS NATIONAL PARK
Begib dich per Schiff auf Urwaldexpedition ➤ S. 165

★ FREYCINET NATIONAL PARK
An der Wineglass Bay mit ihren einsamen Stränden genoss sogar schon die Queen den Ausblick ➤ S. 162

Bass Strait
Bridport
180 km, 2 ¾ Std.
Scottsdale
4 Beauty Point
A3
5 Bay of Fires
Exeter
3 Hollybank Treetop Adventure
St. Helens
S. 162
Georges Bay
Launceston
S. 160
7 Deloraine
Evandale
St Marys
Longford
Fingal
A4
1
Bicheno
Campbell Town
200 km, 2 ½ Std.
Swansea
Wineglass Bay
6 Freycinet National Park
A5
Oatlands
Bothwell
A3
1
Orford
Brighton
Sorell
100 km, 1 ½ Std.
New Norfolk
Mount Wellington 1
Hobart
S. 158
Huonville
Kingston
Nubeena
2 Port Arthur
S. 160
A6
Dover
Adventure Bay
50 km
31 mi

HOBART

(⊞ H8) **Berge, Busch und Buchten: Das romantische ★ Hobart (220 000 Ew.) mit seinen gut erhaltenen Kolonialbauten schmiegt sich zwischen spektakuläre Höhenzüge und dem tiefblauen Derwent River.** Im Zentrum des Geschehens liegt der bildhübsche Naturhafen *Sullivans Cove*. An klaren Tagen ist die Aussicht vom *Mount Wellington* unübertrefflich.

WOHIN ZUERST?

Sullivans Cove, wo auch Ausflugsschiffe und Fähren ablegen, eignet sich als Startpunkt für einen Innenstadtbummel, die historischen Viertel von Salamanca Place und Battery Point eingeschlossen. Wer mit dem Bus anreist, steigt am Franklin Square/Elizabeth Street aus, unweit des Travel Centre.

SIGHTSEEING

BATTERY POINT

Winzige historische Arbeiterhäuschen mit blühenden Vorgärten, alte Sandsteinvillen, alternative Cafés, Buch- und Antiquitätengeschäfte prägen den ältesten Stadtteil von Hobart um die Hampden Road. Steig die alten Steintreppen Kellys Steps vom Salamanca Place hinauf zum Battery Point und schlendere zum alten Dorfplatz Arthurs Circus. An der Hampden Road liegen einige schöne Cafés und das kleine *Narryna Heritage Museum (Di–So 10–16 Uhr, im Sommer tgl. | Eintritt frei | tmag.tas.gov.au | 0,5 h).*

Putzig, aber bei Farmern unbeliebt ist der Wombat, der „tasmanische Maulwurf"

MONA (MUSEUM OF OLD AND NEW ART)

Eine Maschine, die die menschliche Verdauung imitiert, 150 Porzellanabdrücke weiblicher Geschlechtsorgane. Das soll Kunst sein? Die unterirdische Privatsammlung *(Mi–Mo 10–17 Uhr | 28 A$ | 2 h)* eines Multimillionärs ist so berühmt wie provokant. Und hat Hobart über Nacht auf die Weltbühne der modernen Kunst befördert. Zur Anlage gehören die Brauerei *Moo Brew*, ein Weinkeller mit Bar sowie das Restaurant *The Source (Mi–Mo bis 18 Uhr | €€€)*. Hin gelangt man auch per Boot *(ab Brook St. Ferry Terminal/Sullivans Cove)*. *655 Main Road | Berriedale | mona.net.au*

ESSEN & TRINKEN

BLUE EYE

Das kleine Restaurant serviert frisches Seafood. Dazu genießt du tasmanische Weine und den Blick über das Treiben am Salamanca Place. *Tgl. | Castray Esplanade/Salamanca Place | Tel. 03 62 23 52 97 | blueeye.net.au | €€€*

FISH FRENZY

Eine Institution und Garant für frische Meerestiere auf dem Teller. *Tgl. | Elizabeth Street Pier | Tel. 03 62 31 21 34 | fishfrenzy.com.au | €€–€€€*

JACKMAN AND MCROSS

Die geschäftige Bäckerei ist toll für die Kaffeepause oder das Frühstück. *57 Hampden Road | Battery Point*

MURES

In dem Restaurant mit eigener Fischfangflotte können Gäste zwischen den fein eingedeckten Tischen im ersten Stock *(€€–€€€)*, dem Self-Service-Ambiente im Erdgeschoss *(€–€€)* und einer Sushibar *(€€–€€€)* wählen. *Tgl. | Victoria Dock | Sullivans Cove | Tel. 03 62 31 20 09 | mures.com.au*

SPORT & SPASS

Premier Travel Tasmania (Tel. 03 62 31 42 14 | premiertraveltasmania.com) bietet sehr schöne ein- und mehrtägige Spezialtouren *(ab 340 A$)* für Gruppen ab zwei Personen – auch in Deutsch. Im Fokus stehen die Beobachtung der Tierwelt und die Entdeckung der Natur Tasmaniens.

AUSGEHEN & FEIERN

Am späten Freitagnachmittag kannst du bei *Rektango (17.30–19.30 Uhr)* Livemusik im Courtyard am historischen Salamanca Place erleben – völlig kostenlos.

RUND UM HOBART

1 MOUNT WELLINGTON

17 km/25 Min. von Hobart mit dem Auto

Nimm 'ne Jacke mit, denn selbst an Sommertagen kann hier oben ein kalter Wind blasen. Hoch musst du trotzdem, denn die Aussicht über Hobart – und an klaren Tagen sogar bis Bruny Island – ist nicht zu übertreffen. Du kannst mit dem Auto bis zum Gipfel

INSIDER-TIPP
Wandern unter Orgelpfeifen

fahren. Wanderlust? Dann auf zum zwei- bis dreistündigen *Organ Pipes Walk*, der dich von The Springs zu den riesigen Steinsäulen entlang des Bergs führt. Immer wieder tun sich dabei herrliche Ausblicke auf die City auf. *H8*

2 PORT ARTHUR ★

100 km / 1 Std. 30 Min. von Hobart mit dem Auto

Es mag 150 Jahre her sein, dass Strafgefangene hier ihre Buße verrichteten. Aber für Gänsehaut sorgen die alten Ruinen auf einer Halbinsel südlich von Hobart noch immer, vor allem wenn du dich einer der Führungen *(tgl. 9–17 Uhr | ab 39 A$ inkl. Harbour Cruise | portarthur.org.au)* anschließt. Nimm dir dafür mindestens vier Stunden Zeit, am besten am frühen Nachmittag. Abends lernst du auf der 90-minütigen *Ghost Tour (27 A$)* die örtlichen Gespenster kennen.

Zugegeben, auf den dreistündigen Bootsfahrten ab Port Arthur entlang der Steilküste inklusive Tierbeobachtungen kann es ganz schön schwanken. Ein Muss sind die Schiffsausflüge dennoch, denn hier ragen die höchsten Felsnadeln Australiens aus den Fluten *(Tasman Island Cruises | ab 135 A$ | Tel. 03 62 50 22 00 | tasmancruises.com.au)*. Ca. 10 km von Port Arthur entfernt, am Abzweig nach Koonya, liegt der *Tasmanian Devil Unzoo (tgl. 9–17 Uhr | 35 A$ | Port Arthur Highway | Taranna | tasmaniandevilunzoo.com.au | 1,5 h)*, wo sich die Tasmanischen Teufel besonders gut beobachten lassen. *H8*

LAUNCESTON

(H8) **Die zweitgrößte Stadt Tasmaniens (84 000 Ew.) ist Ziel einer großen Zahl von Feinschmeckern.** Besuch aber nicht nur die vielen guten Restaurants, sondern auch die Weinberge und Obstplantagen des benachbarten Tamar Valley. Zahlreiche historische Gebäude und Parks zieren die Innenstadt von Launceston.

SIGHTSEEING

CATARACT GORGE

Die tiefe Schlucht des reißenden *South Esk River* führt bis ins Herz der Stadt. Eine rund einstündige Wanderung geht über die schwankende Alexandra-Hängebrücke zum steilen *Eagle Eyrie Lookout* und weiter zum alten *Toll House* an der *Kings Bridge*. Alternativ entführt dich eine etwa einstündige Bootsfahrt mit *Tamar River Cruises (tgl. 9.30–15.30 Uhr | 33 A$ | Home Point Cruise Terminal, am Ende der Home Point Parade | Tel. 03 63 34 99 00 | tamarrivercruises.com.au)* in die dramatische Felsschlucht.

ESSEN & TRINKEN

PIPER'S BROOK VINEYARD

Nördlich von Launceston laden eine Reihe von Weingütern zum Lunch inmitten der Rebenfelder ein: Piper's Brook Vineyard ist eines davon und bietet tolles Essen und herrliche Ausblicke von der Terrasse. *Tgl. 11–16 Uhr | 1216 Pipers Brook Road | kreglingerwineestates.com | €–€€*

Alternative zur Wanderung ist eine Bootsfahrt durch die Cataract Gorge

THREE STEPS ON GORGE
Das alte Hotel serviert die typisch australischen *pub meals* wie Steaks und Fish & Chips. Dazu gibt's oft Livemusik und gute Stimmung. *Tgl. | 158 Gorge Street | Tel. 03 63 34 20 84 | €€*

STILLWATER
Das pfiffige Bistro überzeugt durch seine preisgekrönte Küche. *Tgl. | 2 Bridge Road | Tel. 03 63 31 41 53 | €€€*

RUND UM LAUNCESTON

3 HOLLYBANK TREETOP ADVENTURE

20 km/20 Min. von Launceston mit dem Auto

Das Zipline-Abenteuer in schwindelnder Höhe ist ein rasantes Naturerlebnis. Die angeseilten Teilnehmer „überfliegen" bis zu 370 m lange Abschnitte, bei *night flights* sogar im Dunkeln. *Tgl. 9–17 Uhr | 3 Std. inkl. Einweisung ca. 125 A$ | 66 Hollybank Road | Underwood | treetopsadventure.com.au | H8*

INSIDER-TIPP
Kick am Zip

4 BEAUTY POINT

50 km/45 Min. von Launceston mit dem Auto

Am Westufer des hier breiten Tamar River warten drei Attraktionen auf Tagesausflügler: Im *Platypus House (tgl. 10–15.30 Uhr | 25 A$ | 200 Flinders Street | platypushouse.com.au | 2 h)* kannst du neben Schnabeltieren auch die scheuen Echidnas und in der *Seahorse World (tgl. 9.30–16 Uhr | 22 A$ | seahorseworld.com.au | 1,5 h)* nebenan Seepferdchen aus nächster Nähe betrachten. Südwestlich bei *Beaconsfield* gewährt das *Mine and*

Wineglass Bay: erst wandern, dann baden

Heritage Centre (tgl. 9.30–16.30 Uhr | 15 A$ | West Street | beaconsfieldheritage.com.au | ⏲ 1 h) spannende Einblicke in die Geschichte des größten Goldbergwerks Tasmaniens. 🕮 H8

ST. HELENS

(🕮 H8) **Die einstige Walfangstation im Osten hat sich zu einem munteren Ferienort (2100 Ew.) an der geschützten Georges Bay gemausert.** Das Städtchen bietet eine gute Auswahl an Unterkünften und Restaurants und dazu die ruhige *Georges Bay,* in der du gefahrlos schwimmen kannst.

RUND UM ST. HELENS

5 BAY OF FIRES

27 km / 40 Min. von St. Helens mit dem Auto

Mit abgeschiedenen, blütenweißen Traumstränden wartet die lang gezogene Bucht im Norden auf. Folg unterwegs unbedingt dem Abzweig zur *Binalong Bay (binalongbay.com.au)* – auch nur, um auf der Panoramaterrasse des *Lichen Cafe (Main Road | Tel. 03 63 76 80 86 | €€)* für einen Snack und einen cremigen Cappuccino Platz zu nehmen. Einige wildromantische Campingplätze gewähren direkt am Meer Unterkunft, jedoch ohne Stromanschluss. 🕮 H8

INSIDER-TIPP
Café mit Ausblick

6 FREYCINET NATIONAL PARK ★

120 km / 1 Std. 30 Min. von St. Helens mit dem Auto

Geschützte Natur mit einsamen Sandstränden – der *Strand in der Wineglass Bay* gilt als einer der schönsten weltweit, und die ab dem Parkplatz ca. dreistündige Wanderung hin und zurück lohnt sich in jedem Fall. Eindrucksvolle Ansichten der Küstenszenerie hat man vom Wasser aus. Entweder bei einer vierstündigen *Eco Cruise (150 A$ | Tel. 03 62 57 03 55 | wineglassbaycruises.com.au)* im schnittigen Katamaran oder – wenn du es sportlicher magst – im Kajak von *Freycinet Adventures (105 A$ | Tel. 03 62 57 05 00 | freycinetadventures.com.au).* H8

DEVONPORT

(H8) **Devonport (30 500 Ew.) ist das Tor zum rauen Nordwesten Tasmaniens.**

Im Hafen legt die täglich verkehrende Autofähre aus Melbourne an. Vom Mersey Bluff mit seinem Leuchtturm reicht der Blick an klaren Tagen die ganze Küste entlang bis Burnie.

ESSEN & TRINKEN

MRS JONES RESTAURANT

Im oberen Stock des Surfclubs mit Blick aufs Wasser werden die besten Gerichte internationaler Speisekarten mit frischen lokalen Zutaten aufgetischt. Probier mal die Tempura-Austern! *Mo, Di geschl. | Williams Street/ Ecke Bluff Road | Tel. 03 64 23 38 81 | mrsjonesrbl.com.au | €€€*

RUND UM DEVONPORT

7 DELORAINE

54 km/40 Min. von Devonport mit dem Auto

Für Feinschmecker ist die ländlich geprägte Kleinstadt südöstlich ein lohnender Abstecher. Denn in der Lachsfarm *41° South (6 km südwestlich, ausgeschildert an der Montana Road | 41southtasmania.com)* dürfen die delikaten Speisefische ohne chemische Zusätze heranwachsen. Der kleine Laden verkauft frischen Lachs, Räucherware und Lachscreme. Appetit auf Süßes wird in der *Honey Farm (39 Sorell Street | ca. 20 km westlich in Chudleigh | melitahoneyfarm.com.au)* gestillt. Star unter den Honigarten ist der aromatische *leatherwood honey* aus den Blüten heimischer Baumriesen. H8

8 STANLEY

125 km/1 Std. 30 Min. von Devonport mit dem Auto

Viktorianische Häuser und kleine Geschäfte säumen die alte Hauptstraße von Stanley (540 Ew.) unterhalb von *The Nut (Circular Head).* Der steile Felsen ist ein beliebtes Ausflugsziel. Zu Fuß lässt er sich in 10–20 Minuten erklimmen, oben führt ein schöner Rundweg (ca. 30 Min.) rund herum. Bequemer und ebenso aussichtsreich ist die Fahrt mit dem Sessellift *(tgl. 9.30–17 Uhr | 17 A$ hin und zurück | thenutchairlift.com.au).* An der Küste kannst du Pinguine und Seelöwenkolonien besuchen oder eine Bootstour *(75 Min. | 55 A$ | Tel. 03 64 58 12 94 | stanleysealcruises.com.au)* unternehmen. Hungrig? *Stanley's Hotel (tgl. | 15 Wharf Road | Tel. 03 64 58 11 61 | stanleyvillage.com.au | €€)* und *Xanders (nur abends, Mo, Di geschl. | 25 Church Street | Tel. 03 64 58 12 22 | €€–€€€)* sind ausgezeichnete Restaurants. G8

CRADLE MOUNTAIN–LAKE ST. CLAIR NP

(🕮 G8) **Der ★ Cradle Mountain-Lake St. Clair National Park bewahrt eine schroffe Gebirgslandschaft mit friedlichen Bergseen und zahllosen Wanderpfaden.**

Zwei Zufahrten bieten Einlass: Im Süden lässt der Highway (A 10) zum Lake St. Clair abzweigen, im Norden führt eine Stichstraße ins Cradle Valley. Dank der touristisch geprägten Infrastruktur hat sich das Cradle Valley zum Parkzentrum gemausert, während der Lake St. Clair mit wildromantischen, stillen Ufern auftrumpfen kann. Du benötigst einen Parkpass *(17 A$/Pers. oder 60 A$/Auto)*.

ESSEN & TRINKEN

HIGHLAND RESTAURANT

Das renommierte Restaurant mit offenem Holzofen ist ebenso rustikal wie stilvoll und gehört zur komfortablen *Cradle Mountain Lodge*, wo du auch Wellness machen und übernachten kannst. *Tgl. | Tel. 1300 80 61 92 | cradlemountainlodge.com.au | €€€*

SPORT & SPASS

CRADLE VALLEY BOARDWALK

Der gut präparierte Wanderweg führt vom *Interpretation Centre* der *National Park Ranger Station*, einer sehenswerten Naturkundeausstellung kurz hinter dem nördlichen Parkeingang, zum Dove Lake. Hin und zurück sind es 17 km (5 Std. Gehzeit), vorbei an moosbewachsenem Unterholz und mächtigen Baumriesen. Wenn dir das zu lang ist, kannst du auch den Shuttlebus ab dem *Visitor Centre* nehmen, der für Gäste mit Parkpass gratis ist.

OVERLAND TRACK

Der rund 65 km lange Overland Track von Cradle Mountain bis zum Lake St. Clair führt in etwa fünf Tagen durch Bergregionen, Hochmoore, Regenwälder und tiefe Täler mit spektakulären Wasserfällen. Infos zu geführten Touren *(ab ca. 2200 A$)* unter *tasmanianexpeditions.com. Okt.–Mai nach Anmeldung | overlandtrack.com.au*

STRAHAN

(🕮 G8) **So soll das Ende der Welt aussehen? Das Hafenstädtchen ★ Strahan (700 Ew.) mit seinen hübschen Holzhäusern zieht jährlich rund 25 000 Besucher an.**

Das ist in erster Linie seiner romantischen Lage zwischen undurchdringlichem Busch und dem *Macquarie Harbour*, einem Naturhafen, geschuldet.

ESSEN & TRINKEN

THE STRAHAN VILLAGE

Zur Anlage gehören nicht nur Unterkünfte, sondern auch zwei Restaurants direkt am Hafen. *Tgl. | The Esplanade |*

Trockenen Fußes wanderst du durch den Regenwald im Nationalpark

Tel. 03 64714200 | strahanvillage.com.au | *€€–€€€*

AUSGEHEN & FEIERN

Unterhaltung mit Tradition: „The Ship that never was" ist ein witziges, einstündiges Theaterstück über einen geglückten Fluchtversuch aus der Sträflingskolonie. Es wird seit langer Zeit täglich um 17.30 Uhr im *Strahan Visitor Centre (Ticket 25 A$)* aufgeführt.

RUND UM STRAHAN

9 FRANKLIN-GORDON WILD RIVERS NATIONAL PARK ★

Die Schiffe von *Gordon River Cruises (ab 135 A$ | 24 Esplanade | Tel. 03 64714300 | gordonrivercruises.com.au)* fahren von Macquarie Harbour auf dem Gordon River durch einen der wenigen Urwälder der gemäßigten Zone mit bis zu 2000 Jahre alten Bäumen (etwa 6 Std.). Unterwegs gibt's einen Stopp auf der ehemaligen Sträflingsinsel *Bonnet Island*. *G8*

10 QUEENSTOWN

40 km/45 Min. von Strahan mit dem Auto

Das Bergarbeiterstädtchen liegt mitten in einer Mondlandschaft, erst langsam wird wieder aufgeforstet. Die Minenarbeiter bauen vor allem Kupfer und Gold ab – immer noch. Zwischen Queenstown und Strahan dampft auf einer abenteuerlichen Strecke die Museumsbahn *West Coast Wilderness Railway (ein- bis sechsmal wöchentl. | ab 185 A$ | wcwr.com.au)*. *G8*

ERLEBNIS TOUREN

Lust, die Besonderheiten der Region zu entdecken? Dann sind die Erlebnistouren genau das Richtige für dich! Ganz einfach wird es mit der MARCO POLO Touren-App: Die Tour über den QR-Code aufs Smartphone laden – und auch offline die perfekte Orientierung haben.

1 SPEKTAKULÄRE KÜSTENFAHRT: GREAT OCEAN ROAD ★

- Surfen, wo's die Weltstars tun
- Zwischen Schnabeltieren paddeln
- Selfie mit den Twelve Apostles

Melbourne

Flagstaff Hill Maritime Village

4 Tage

572 km

Fahrzeit: 13 Stunden

16 **Flagstaff Hill**: Karten für die Show vorher reservieren

Warnung vor Wildwechsel auf Australisch

SURFSPASS AM BELL'S BEACH

Der *Highway M1* bringt dich von ❶ **Melbourne** ➤ **S. 74** nach ❷ **Geelong**. In der Hafenstadt lohnen der **Botanische Garten** und ein **Art-déco-Meerwasserpool** an der Waterfront sowie das **National Wool Museum** *(Mo–Fr 9.30–17, Sa, So ab 10 Uhr | 9 A$ | 26 Moorabool Street | geelongaustralia.com.au/nwm)* einen Besuch.

Ab Geelong folgst du den Schildern (B 100) nach ❸ **Torquay**. Die Siedlung gilt weithin als Mekka der Surfszene. Davon zeugt bei der Ortseinfahrt das Museum **Surfworld** *(tgl. 9–17 Uhr | 12 A$ | surfworld.com.au)*. In den gut sortierten Surfshops nebenan kannst du dich ausstaffieren und ein Board leihen, um am **Bell's Beach** den Profis nachzueifern, die hier zu Ostern den internationalen Rip Curl Pro Bell's Beach austragen. Zum Strand führt ein *beschilderter Abzweig am Ortsende*. Zurück auf der Great Ocean Road geht's zum nächsten Strandvergnügen: in den kleinen Badeort ❹ **Anglesea**, wo du auf der *Harvey Street* zum Lookout mit tollem Blick auf die Küste gelangst. 14 km weiter wartet mit ❺ **Fairhaven Beach** ein weiterer Traumstrand auf dich, bevor du in ❻ **Lorne** *(lornelink.com.au)* einfährst. Das

TAG 1

❶ **Melbourne**
72 km 1 h

❷ **Geelong**
26 km 45 min

❸ **Torquay**
20 km 20 min

❹ **Anglesea**
14 km 15 min

❺ **Fairhaven Beach**
16 km 15 min

❻ **Lorne**
49 km 45 min

lebhafte touristische Zentrum des Küstenstrichs bietet Gastronomie jeder Art, einen Tretbootverleih im **Boathouse** *(tgl. 9–17 Uhr | 10 A$/30 Min.)* jenseits der Fußgängerhängebrücke und am Ortsausgang fangfrische Meeresfrüchte bei **The Pier Seafood** *(tgl. | Lorne Pier Head | €€)* mit Restaurant, Imbiss und Shop. Nun beginnt einer der schönsten Abschnitte der Great Ocean Road! Noch 49 km sind es bis Apollo Bay ➤ S. 82, einem freundlichen Ferienort, in dem sich der strandnahe ❼ **Marengo Holiday Park** *(Tel. 03 52376162 | marengopark.com.au | €€)* mit *cabins* und Camping zum Übernachten anbietet.

❼ **Marengo Holiday Park**

AUF SCHNABELTIERPIRSCH

TAG 2

15 km | 20 min

❽ **Maits Rest Rainforest Walk**

134 km | 4 h 30 min

Nun geht es in die waldreiche Wildnis des **Great Otway National Park** ➤ **S. 82**. Nach nur 15 km animiert ein Schild am Straßenrand zu einer 40-minütigen Rundwanderung auf dem ausgeschilderten ❽ **Maits Rest Rainforest Walk**. Wer jetzt Appetit auf mehr bekommen hat: Durch den Nationalpark führen reizvolle Wanderrouten unterschiedlicher Länge – ideal, um Tiere zu beobachten. Schnabeltiere kannst du bei der geführten Paddeltour „Paddle with the Platypus" am späten Nachmittag mit Otway Eco Tours *(Dauer: 3–4 Std. | ca. 85 A$ | Tel. 04 19670985 | platypustours.net.au)* aus nächster Nähe erleben.

Zurück im Auto folgst du *dem 13 km langen Abzweig zum* Cape Otway, markiert von einem weißen Leuchtturm, dem ⑨ Cape Otway Lighthouse *(tgl. 9.30–16.30 Uhr | 20 A$ | 2 Zi., 6 Häuser | Tel. 03 52 37 92 40 | lightstation.com | €€€)*, den Mitte des 19. Jhs. Sträflinge hier oben an der Steilküste errichtet haben. Man kann die historische Anlage besichtigen und dort übernachten.

⑨ Cape Otway Lighthouse

SELFIE MIT SANDSTEINJÜNGERN

Die nächsten Kilometer auf der Great Ocean Road bescheren unspektakuläre landschaftliche Eindrücke – bis zum Port Campbell National Park ➤ S. 83 mit seinen Twelve Apostles. Erste gute Ausblicke auf die berühmte Felsformation in aufschäumender Brandung gewähren links der Straße die ⑩ Gibson Steps. Bei gutem Wetter kannst du dich von hier aus zu Fuß den inzwischen nur noch acht Kalksteinfelsen nähern. Mit dem Auto sind es knapp 2 km bis zum Parkplatz und dem ⑪ Twelve Apostles Lookout, von dem du auf die erodierten Felsen blickst. Vorbei an der Loch Ard Gorge (Stopp einlegen!) geht es ins Fischerdorf ⑫ Port

TAG 3
76 km 1 h 30 min

⑩ Gibson Steps
2 km 10 min

⑪ Twelve Apostles Lookout
13 km 25 min

⑫ Port Campbell

Markantes Seezeichen, in dem du übernachten kannst: der Leuchtturm am Cape Otway

Campbell, wo der Tag dank netter Restaurants wie dem Waves *(tgl. | 29 Lord Street | Tel. 03 55 98 61 11 | €€)*, Cafés und einem sicheren Badestrand mittendrin angenehm ausklingt. Quartier beziehen kannst du im Southern Ocean Motor Inn *(28 Zi. | 2 Lord Street | Tel. 03 55 98 62 31 | southernoceanmotorinn.com | €€)*.

TAG 4

71 km 1 h 25 min

WALE UND HAVARIEN

Der letzte Abschnitt der Panoramaroute lässt noch mal auf einige pittoreske Küstenformationen wie London Arch oder The Grotto blicken, passiert bei Kilometer 13 die sandige Bay of Martyrs, wo im Sommer Sturmvögel nisten, und mündet 20 km weiter in den *Princes Highway (A1) Richtung* Warrnambool. Die einstige Walfängersiedlung lockt heute Walbeobachter an, denn im australischen Winter (Juni–Sept.) kalben hier in der Bucht *southern right whales* (Südkaper oder Südliche Glattwale), die mit dem Fernglas von der Aussichtsplattform am ⑬ Logans Beach gut zu beobachten sind *(die Logans Beach Road zweigt von der Hopkins Point Road ab)*.

⑬ Logans Beach

33 km 30 min

Für die Mittagspause lohnt sich die Fahrt *auf dem Princes Highway nach* ⑭ Port Fairy mit seinen denkmalgeschützten Häusern ebenso wie auf dem Rückweg der Abstecher auf etwa halber Strecke zum ⑮ Tower Hill State Game Reserve, wo eine faszinierende Wildnis mit zahlreichen Tieren den tiefen Krater eines erloschenen Vulkans füllt. Drum herum führt eine schmale Straße, auf der du besonders ab dem späten Nachmittag auf Wildwechsel gefasst sein musst.

⑭ Port Fairy

17 km 15 min

⑮ Tower Hill State Game Reserve

16 km 15 min

Am Abend solltest du zurück in Warrnambool sein, genauer gesagt im ⑯ Flagstaff Hill Maritime Village *(tgl. 9–17 Uhr | 18 A$, Show 26 A$ | Merri Street | flagstaffhill.com)*, der Nachbildung einer Hafenstadt im 19. Jh., zur Sound-and-Laser-Show „Shipwrecked", bei der die abenteuerliche Geschichte des Küstenstrichs mit seinen vielen Schiffsunglücken lebendig wird. Nostalgisch übernachten kannst du in der angeschlossenen Lighthouse Lodge *(3 Zi. | flagstaffhill.com | €–€€)* im hübsch restaurierten Leuchtturmwärterhäuschen.

⑯ Flagstaff Hill Maritime Village

2 EINE REISE DURCH DIE TRAUMZEIT

- Im Geländewagen durchs rote Zentrum
- Kraxeln am Krater
- Sonnenuntergang am Uluru

Start: Alice Springs | Ziel: Uluru
Dauer: 3 Tage | Strecke: 785 km
Fahrzeit: 12 Stunden

Mitnehmen: Fliegenschutz, Straßenkarten, *permit*
Du brauchst ein Fahrzeug mit Vierradantrieb! Erkundige dich beim Visitor Information Centre in 1 **Alice Springs** nach dem aktuellen Zustand der unbefestigten Strecken und den Öffnungszeiten der Tankstellen. Tank das Fahrzeug zu Beginn jeder Tagesetappe voll und nimm ausreichend Trinkwasser und Proviant mit. Zeitweise führt die Strecke durch Aborigineland, dort ist das Mitführen von Alkohol verboten.
Um die Mereenie Loop Road befahren zu können, musst du vorher im Visitor Information Centre in 1 **Alice Springs** den *Mereenie Tour Pass (5 A$)* erwerben.

ROTE FELSSCHLUCHT

Die Fahrt beginnt in 1 **Alice Springs** ➤ S. 117. Folg im Zentrum *dem vom Stuart Highway abzweigenden Larapinta Drive in westliche Richtung*. Nach 7 km fällt dir am linken Straßenrand die **Grabstätte von John Flynn**, dem Gründer des Royal Flying Doctor Service ➤ S. 117, ins Auge, doch deine erste Pause machst du am 2 **Simpsons Gap**. Zu dem Wasserloch führt ein kurzer Spaziergang zwischen Eukalyptusbäumen. Hier wirst du verstehen, weshalb die Schluchten der MacDonnell Ranges für die Aborigines nicht nur kulturell, sondern auch wirtschaftlich bedeutend waren: Sie lieferten ihnen Wasser und Nahrung. *24 km weiter auf dem Larapinta Drive zweigst du ab zur* 3 **Standley Chasm**. Die Kluft präsentiert sich um die Mittagszeit beson-

INSIDER-TIPP
Licht im Schacht

TAG 1
1 Alice Springs — 25 km, 40 min
2 Simpsons Gap — 41 km, 1 h
3 Standley Chasm — 60 km, 1 h 25 min

ders spektakulär, wenn die Sonne den Durchgang in einen glühend roten Korridor verwandelt.

4 Ellery Creek Big Hole 16 km 45 min

5 Serpentine Gorge 16 km 35 min

Zurück auf dem Larapinta Drive verlässt du die Straße auch schon wieder, um dem Namatjira Drive entlang der West MacDonnell Ranges zu folgen. Die nächste Stichstraße endet am **4 Ellery Creek Big Hole**. Die Landschaft um das große Wasserloch ist geologisch besonders interessant und vielseitig und bietet sich für ein Picknick an. Ein nächster Zwischenstopp *auf dem Namatjira Drive* lohnt an der **5 Serpentine Gorge**. Wie ihr Name andeutet, windet sich die Schlucht wie ein Reptil durch den Fels.

6 Ochre Pits 26 km 45 min

7 Ormiston Gorge 12 km 20 min

8 Glen Helen Resort

ERDGESCHICHTE IN OCKER

Fahr anschließend nicht achtlos an den **6 Ochre Pits** vorbei. Sie repräsentieren einen Querschnitt durch die 700 Mio. Jahre alte Erdgeschichte dieser Region. Das hellgelbe bis rostrote Ockergestein verarbeiteten die Aborigines zu Farben für Felsmalereien. Nach einem letzten Abstecher in die **7 Ormiston Gorge** triffst du schließlich in der **8 Glen Helen Lodge** *(25 Zi., Campingplatz | Namatjira Drive | Tel. 08 89 56 72 08 | glen*

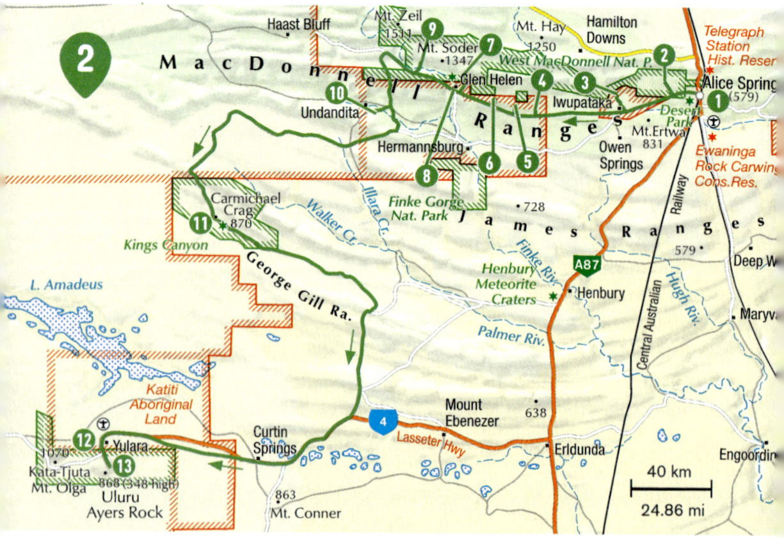

helenlodge.com.au | €€) ein. Der nahe Finke River gilt als ältester Fluss der Welt und ist ein Vogelparadies.

Früh am Morgen geht's runter in den Kings Canyon

KRATERWANDERUNG

Der ab jetzt unbefestigte *Namatjira Drive* bringt dich bei frischer Morgenluft zur idyllischen **9 Redbank Gorge**, bevor du Kurs *nach Südwesten* nimmst und dich dem Tnorala Conservation Reserve mit dem **10 Gosse-Bluff-Krater** näherst, der durch den Einschlag eines Meteoriten vor etwa 140 Mio. Jahren entstand und von den Aborigines als heiliger Ort verehrt wird. Wer die sehr ruppigen 10 km Piste nicht scheut, gelangt *auf einer Stichstraße* in den Riesenkrater mit 5 km Durchmesser – und wird nach Abstellen des Motors mit unglaublicher Stille belohnt. Ein *ausgewiesener Wanderweg* führt noch näher an den Krater heran.

Du hast noch rund 180 km *gravel road* bis zum Watarrka National Park/Kings Canyon vor dir. *An der nächsten Kreuzung biegst du nach rechts in die Mereenie Loop Road (Permit-Pflicht) ein* und durchquerst ab jetzt Aborigineland. Die besten Übernachtungsmöglichkeiten inklusive Campingplatz und Blick in den Sternenhimmel bieten sich am **11 Kings Canyon** ➤ S. 119.

ULURU AM ABEND

Eine ca. zwei- bis dreistündige Wanderung führt dich am Vormittag durch den Canyon, bevor du die durchweg geteerte Strecke *über die Luritja Road und den nach rechts abzweigenden Lasseter Highway* zum Uluru zurücklegst. Plan den Tag so, dass dir bei Ankunft im **12 Ayers Rock Resort (Yulara)** ➤ S. 120 noch Zeit bleibt, um einzuchecken, bevor du rechtzeitig zum Sonnenuntergang *(Sonnenuntergangszeiten: short.travel/aus1)* Position am **13 Uluru** ➤ S. 119 einnimmst.

TAG 2
26 km 50 min
9 Redbank Gorge
52 km 1 h 15 min
10 Gosse-Bluff-Krater
182 km 3 h 10 min
11 Kings Canyon

TAG 3
307 km 6 h
12 Ayers Rock Resort (Yulara)
22 km 1 h 30 min
13 Uluru

③ REGENWALDWANDERUNG IM LAMINGTON NATIONAL PARK

- Rauschende Wasserfälle
- Pause im Eukalyptuswald
- Blick über den Regenwald

Parkplatz, Binna Burra

Parkplatz, Binna Burra

7-8 Stunden

16 km

Gehzeit: 5½ Stunden

Höhenmeter: 680 m

Schwierigkeit: leicht

Mitnehmen: Insektenschutzmittel, Trinkwasser (mind. 1,5 l/Pers.), Wanderkarte

Aktuelle Infos zur Begehbarkeit der Strecke beim Ranger *(Mo–Fr 13.30–15.30, Sa, So 9–17 Uhr | Tel. 07 55 33 35 84)* oder unter *short.travel/aus2*

Anfahrt zum ① **Parkplatz**: In Binna Burra der Binna Burra Road bis zum Ende folgen

① Parkplatz
5 km 1 h 30 min

VON WASSERFALL ZU WASSERFALL ...

Du startest oben: Der ① **Parkplatz** in Binna Burra befindet sich bereits in 800 m Höhe. *Du folgst zunächst dem Border Track*. Der gut ausgebaute Pfad ist so etwas wie die Hauptverkehrsader im dichten Wanderwegenetz des Nationalparks. Hinter hoch aufragenden, immergrünen *brush box trees biegst du ab auf den Coomera Falls Circuit* und läufst erst mal gemächlich abwärts.

② Coomera Falls Lookout
100 m 5 min

Bald geht es steiler bergab – zum ② **Coomera Falls Lookout**, wo du imposante Wasserfälle direkt vor Augen und der Kameralinse hast. Zeit für eine Pause! Der Coomera River ergießt sich hier 64 m tief, gleich nebenan stürzen die **Yarrabilgong Falls** 160 m hinab. Angesichts der spritzigen Umgebung ist es kein Wunder, dass die Luft herrlich frisch ist. Doch Vorsicht bei

Regenwetter: Auf dem glitschigen Boden rutscht man leicht aus!

Der aufsteigende Pfad lässt das Dickicht bald hinter sich und erreicht lichten Eukalyptuswald. Gönn dir am Rand der 160 m tiefen ❸ **Schlucht des Coomera River** eine Pause, um die spektakuläre Szenerie auf dich wirken zu lassen.

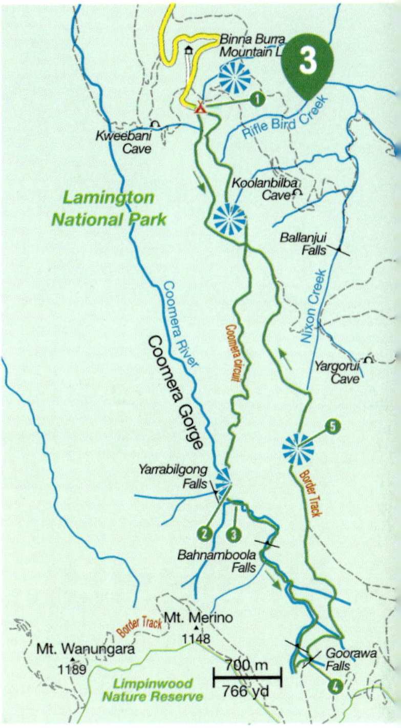

... UND VON UFER ZU UFER

Bald steht die erste Überquerung des Coomera River an. Wegen der Blutegel solltest du dabei die Wanderstiefel anbehalten, auch wenn Insektenschutzmittel die harmlosen, aber lästigen Blutsauger angeblich in Schach halten. Auf den nächsten 3,5 km wirst du noch mehrmals die Ufer wechseln müssen, vorbei an den **Bahnamboola Falls**, **Gwongarragong Falls** und **Chigigunya Falls**, um nur einige der jetzt dicht aufeinanderfolgenden Wasserfälle zu nennen. In den zahlreichen wassergefüllten Felsbecken ist der *blue Lamington spiny crayfish*, eine Flusskrebsart, beheimatet.

❸ **Schlucht des Coomera River**
3,5 km 1 h

An den ❹ **Goorawa Falls**, *wo der Weg wieder auf den Border Track mündet*, hast du schon mehr als die Hälfte der Strecke geschafft – und dir eine weitere (Essens-) Pause verdient. *Von jetzt ab folgst du der Route nach Norden* – und bergauf: Etwa 100 m Höhenunterschied gilt es nun zu überwinden.

❹ **Goorawa Falls**
3 km 1 h

Oben prägt antarktischer Buchenwald die Vegetation, eine Bewaldung, die auf diesem Kontinent nur in kühlerem Klima gedeiht. Bei klarem Wetter bieten sich herrliche Ausblicke über die von Schluchten zerfurchten Hochplateaus, z. B. vom ❺ **Joahla Lookout** aus, bevor der *Border Track dich zurück zum* ❶ **Parkplatz** *führt.*

❺ **Joahla Lookout**
4,5 km 1 h 15 min

❶ **Parkplatz**

GUT ZU WISSEN

DIE BASICS FÜR DEINEN URLAUB

ANKOMMEN

ANREISE

Etwa 20 Stunden beträgt die reine Flugzeit von Mitteleuropa an die Ostküste Australiens. Erträglicher wird die lange Anreise, wenn man einen Stopover einlegt, z. B. in Singapur oder Hongkong (Flugzeit ab Frankfurt/M. ca. 12 Std., weiter bis Sydney 8 Std.). Die Kosten für ein Ticket in der Touristenklasse liegen je nach Saison zwischen 1000 und 1200 Euro. Cathay Pacific hat zusätzlich eine bequeme und preislich attraktive Premium-Economy-Class im Angebot. Nicht vergessen: Beim Vergleich der Flugpreise immer auch die Kosten für Steuern und Gebühren miteinbeziehen. Einige Fluggesellschaften, z. B. Qantas *(qantas.com.au)* und Cathay Pacific *(cathaypacific.com/de)*, bieten zum internationalen Ticket preiswerte oder gar kostenlose Flüge auf australischen Inlandsstrecken an.

EINREISE

Zur Einreise in Australien ist ein kostenloses Touristenvisum nötig, das in der Regel beim Erwerb des Flugtickets ausgestellt oder beantragt werden kann (eVisitor-Visum). Es berechtigt zu einem Aufenthalt von drei Monaten. Die Aufnahme einer bezahlten Tätigkeit ist damit strikt untersagt und wird mit schweren Strafen geahndet. Mit speziellen Working-Holiday-Visa können sich junge Leute zwischen 18 und 31 bis zu zwei Jahre in Australien aufhalten und befristete Jobs annehmen *(immi.homeaffairs.gov.au/visas)*. Auskunft: *Australian Embassy (Wallstr. 76–79 | 10179 Berlin | Tel. 030 8 80 08 80 | germany.embassy.gov.au)*

Die Einfuhr von Obst, Gemüse oder Fleisch nach Australien ist wegen der Seuchengefahr verboten. Zollfrei ein-

Instagram-Moment am Stuart Highway, der Süd und Nord verbindet

führen darfst du pro Person 50 Zigaretten oder 50 g Tabak und 2,25 l alkoholische Getränke, persönliche Gegenstände sowie Geschenke bis zu einem Wert von 900 A$.

+ 7/+ 8,5/+ 9 Std. Zeitverschiebung

In Australien gibt es drei Zeitzonen: In Western Australia die Western Standard Time (MEZ +7 Std.), im Northern Territory und in South Australia die Central Standard Time (MEZ +8,5 Std.), in den übrigen Staaten die Eastern Standard Time (MEZ +9 Std.). In den meisten Bundesstaaten (außer Queensland, Northern Territory und Western Australia) gilt zwischen dem ersten Sonntag im Oktober und dem ersten Sonntag im April die Sommerzeit (+ 1 Std.).

KLIMA & REISEZEIT

Den Südosten (New South Wales, Tasmania, Victoria und South Australia) sowie Western Australia unterhalb des südlichen Wendekreises *(Tropic of Capricorn)* bereist man am besten zwischen Oktober und April – also im Frühling und Sommer. Queensland, das Northern Territory und den Norden von Western Australia dagegen zwischen April und November, während der Trockenzeit. In der übrigen Zeit ist es im Süden eher kühl, im Norden dagegen (oberhalb des Wendekreises) schwülwarm, und es kann zu teils heftigen Regenfällen kommen. Während der Sommerferien im Dezember und Januar sowie an langen Wochenenden sind die Unterkünfte vor allem Campingplätze – oft ausgebucht. Zudem verdoppeln oder verdreifachen sich dann die Preise. Die aktuellen Wetteraussichten findest du auf *bom.gov.au*.

Adapter Typ I

Die Netzspannung beträgt 240 V Wechselstrom. Europäische Geräte lassen sich unbeschadet betreiben, dazu brauchst du jedoch einen kleinen Adapterstecker, den du u. a. an Flughäfen, in Koffergeschäften oder beim *chemist* (Drogerie) bekommst.

WEITERKOMMEN

MIETWAGEN

Wenn du mehr als die touristischen Highlights entlang der Küsten sehen möchtest, buchst du am besten einen Mietwagen. Kleine Mietautos sind oft preiswerter als in Europa (ab ca 25 A$/Tag ohne Versicherung), auch Diesel und Benzin sind günstiger (1,20–1,60 A$/l). Einen Preisvergleich für Mietwagen gibt es bei *vroomvroomvroom.com.au.*

Wer Geld sparen möchte oder einfach gern im Freien ist, bucht sich am besten einen Campervan (ab ca. 50 A$/Tag ohne Versicherung). Ob ein Allradfahrzeug (4WD) benötigt wird, hängt von der Reiseroute ab. Vergewissere dich, ob der Vermieter Fahrten auf unbefestigten Straßen (*gravel roads* oder *unsealed roads*) erlaubt, und schließ unbedingt eine Versicherung ohne Selbstbeteiligung ab! Achte auf Zuschläge wie One-way- oder Kreditkartengebühren. Achtung: Manche Anbieter verlangen einen Internationalen Führerschein. Die besten Angebote für Wohnmobile erhältst du bei Spezialveranstaltern in Deutschland. Die größten Vermieter sind *Maui (maui.com.au), Apollo (apollocamper.com)* und *Kea (keacampers.com).*

In Australien herrscht Linksverkehr. Trotzdem gilt das Prinzip des Rechtsvortritts. Generell ist innerorts eine Geschwindigkeitsbeschränkung von 50 oder 60 km/h einzuhalten. Außerorts sind es 80 km/h, auf Autobahnen 110 km/h (Northern Territory 130 km/h). Nur in der Nähe der Großstädte gibt es echte Autobahnen. Bei vielen Highways handelt es sich um einspurige Landstraßen mit vereinzelten Überholstreifen.

ÜBERLANDBUSSE

Mit Ausnahme der Ostküste ist das Busnetz in Australien dünn. Du bist gut beraten, Buspässe für Trips mit Überlandbussen im Voraus zu reservieren. Die Pässe ermöglichen entweder auf einer vorbestimmten Route eine unbegrenzte Zahl von Stopps, sind blockweise nach Kilometern gestaffelt oder reduzieren die Normalpreise um 50 Prozent. *Greyhound (greyhound.com.au)* dominiert den Markt. Eine Übersicht über Verkehrsverbindungen bietet *buslines.com.au.*

FERNZÜGE

Die gewaltigen Dimensionen des Kontinents zu erfassen, das geht nirgends besser als im Fernzug *Indian Pacific (Schlafkabine ab 2100 A$)*, der von Sydney über Adelaide und durch die Nullarbor-Ebene bis Perth fährt. Die gesamte Reise dauert drei Tage

FESTE & EVENTS

RUND UMS JAHR

JANUAR

Sydney Festival, *sydneyfestival.org.au*
Mona Foma (Hobart), *mofo.net.au:* Tasmaniens größtes Kulturfest

FEBRUAR

Gay and Lesbian Mardi Gras (Sydney), *mardigras.org.au*
Perth International Arts Festival *perthfestival.com.au*
White Night Melbourne, *whitenight melbourne.com.au:* Künstlerische Lichtkonzepte beleuchten die Stadt (Foto).

MÄRZ/APRIL

Rip Curl Pro (Torquay), *ripcurl.com.au:* internationaler Surfwettbewerb

JUNI

Dark Mofo (Hobart), *darkmofo.net.au:* Musik und Kunst zur Wintersonnwende

JULI

Mowanjum Festival (Derby), *mowan jumarts.com/festival* Aboriginalkünstler präsentieren ihre Werke.
Lion's Camel Cup (Alice Springs), *camelcup.com.au*

AUGUST

Henley on Todd Regatta (Alice Springs), *henleyontodd.com.au:* die wohl skurrilste Bootsregatta der Welt
Festival of Darwin, *darwinfestival.org.au*

SEPTEMBER

Football Grand Finale (Melbourne), *afl.com.au*
Shinju Matsuri (Broome), *shinjumat suri.com.au:* Fest rund um die Perlen

OKTOBER

Melbourne Festival, *festival.melbourne*

NOVEMBER

Melbourne Cup, *flemington.com.au:* das Rennen, das den ganzen Kontinent zum Stillstand bringt

DEZEMBER

Sydney to Hobart Yacht Race (Hobart), *rolexsydneyhobart.com*

und startet mittwochs in Sydney, sonntags in Perth. Weitere Fernzüge fahren von Adelaide durch das Red Centre bis Darwin *(The Ghan)* sowie zwischen Melbourne und Adelaide *(The Overland)*. Bahntrips solltest du wegen der begrenzten Sitzplätze so frühzeitig wie möglich klarmachen. Auskunft und Buchung: *Great Southern Rail (Tel. 08 82 13 44 01 | great southernrail.com.au)*.

INLANDSFLÜGE

Die Konkurrenz der Billigflieger *Jetstar (jetstar.com), Virgin Australia (vir ginaustralia.com)* und *Tiger Air (tiger air.com.au)* ist groß. Die Preise für Inlandsstrecken schwanken stark, je früher du buchst, desto günstiger ist das Ticket. *Regional Express (rex.com.au)* fliegt auch in abgelegene Regionen.

IM URLAUB

AUSKUNFT

Tourism Australia *(australia.com/de-de);* Tourism New South Wales *(visitnsw.com);* Tourism Queensland *(queensland.com);* Tourism Northern Territory *(tourismnt.com.au);* Tourism Western Australia *(westernaustralia.com);* Tourism South Australia *(south australia.com);* Tourism Tasmania *(tou rismtasmania.com.au)*

BRING YOUR OWN

Steht *Bring your own* oder *BYO* an der Eingangstür eines Restaurants, dann bedeutet das, dass hier kein Wein ausgeschenkt wird, du aber deinen eigenen mitbringen kannst. Den kaufst du im nächsten *bottleshop*, der oft einem Pub angeschlossen ist. Das Restaurant öffnet und kühlt die Flaschen und berechnet dafür eine Gebühr, die *corcage (ca. 5–8 A$ pro Flasche)*.

FEIERTAGE

1. Jan.	Neujahr
26. Jan.	*Australia Day* (Nationalfeiertag)
10. April 2020, 2. April 2021	Karfreitag
13. April 2020, 5. April 2021	Ostermontag
25. April	*Anzac Day* (Nationalfeiertag)
2. Montag im Juni	*Queen's Birthday* (Geburtstag der englischen Königin)
25./26. Dez.	Weihnachten

GELD

Bei den Banken in Großstädten oder Touristenzentren (geöffnet meist Mo–Fr 9–16 Uhr) kann man ohne größere Probleme Geld wechseln, Geld mit Kredit- bzw. Maestrokarten aus Automaten ziehen oder Travellerschecks einlösen. Kreditkarten (vor allem Visa und Mastercard) werden fast überall und auch bei kleinen Beträgen akzeptiert. Nur im Outback kann man mal auf Bargeld angewiesen sein.

INTERNET & WLAN

Australien ist vor allem in den Städten stark vernetzt. Nahezu jedes Lokal bietet kostenlosen WLAN-Zugang. In den Unterkünften wird teilweise eine Gebühr von 3–10 A$/Tag erhoben, aber meist ist die WLAN-Nutzung im Übernachtungspreis inbegriffen. Zudem gibt es in den Städten zahlreiche Hotspots *(short.travel/aus31)*, an denen du kostenlos

INSIDER-TIPP
Kostenlos surfen

ins Netz kannst. Die örtlichen *libraries* (Büchereien) haben nicht nur Internetzugang, sondern oft auch Computer, die du für eine begrenzte Zeit nutzen darfst.

WAS KOSTET WIE VIEL?

Kaffee	3 Euro *für einen Cappuccino*
Bier	5 Euro *für ein Pint im Pub*
Fastfood	6 Euro *für ein Meal mit Softdrink*
Benzin	0,85 Euro *für einen Liter Normal*
Kino	12 Euro *für ein Ticket*
Surfbrett	16 Euro *Leihgebühr für 2 Std.*

ÖFFNUNGSZEITEN

In den Großstädten sind Restaurants, Pubs, Lebensmittelgeschäfte und Informationsbüros im Allgemeinen täglich geöffnet. Supermärkte haben in den Großstädten von etwa 7 bis 22 Uhr auf, am Wochenende gelten teilweise kürzere Öffnungszeiten. Die Läden in den Shoppingmalls sind meist von 9 bis 17 Uhr geöffnet, Do bis 20 oder 21 Uhr. Auf dem Land haben am Wochenende oft sowohl Läden als auch Restaurants geschlossen. Und im Outback machen Tankstellen, Motels und kleine Restaurants oft schon am frühen Abend zu.

POST

Eine Postkarte oder ein Brief nach Mitteleuropa kostet 3 A$ und ist ca. zwei Wochen unterwegs. Weitere Infos unter *auspost.com.au*.

WÄHRUNG

Währungseinheit ist der Australische Dollar (A$). Es gibt Banknoten zu 5, 10, 20, 50 und 100 A$, Münzen zu 1 und 2 A$, 5, 10, 20 und 50 Cent. Die Preise für viele Waren und Dienstleistungen sind mit denen in Deutschland vergleichbar. Lebensmittel sind etwas teurer. Den aktuellen Wechselkurs findest du auf *finanzen.net/waehrungsrechner*.

TELEFON & HANDY

Die Vorwahlnummer für Australien ist 61, gefolgt von der regionalen Vorwahlnummer ohne 0, also 2 für Sydney (02). Die Vorwahlnummer von Australien für Deutschland ist +49, für die Schweiz +41 und für Österreich +43. Gebührenfreie Nummern beginnen mit 1800, sechsstellige Nummern, die mit 1300 anfangen, kosten überall den Ortstarif.
Prepaidkarten für das Mobiltelefon können schon in Deutschland bestellt werden (z. B. *www.holidayphone.de:* 60 Euro für unbegrenztes Telefonieren innerhalb Australiens, 1000 Freiminuten ins Ausland, 22 GB Datenvolumen und 30 Tage Gültigkeit). Wer sich länger in Australien aufhält, besorgt sich am besten eine australische Sim-Karte, z. B. bei Optus, Vodafone oder Telstra. Das beste Netz in Australien, auch zum Surfen und für die Datenübertragung, bietet *Telstra (telstra.com.au)*.

Im Outback ist die Verwendung von Satellitentelefonen eine Option, diese kann man auch mieten, z. T. mit Prepaidguthaben *(z. B. trtelecom.com).*

UNTERKUNFT/CAMPING

Stadthotels sind meist teuer (140–280 A$, drei bis vier Sterne), Apartments oft die bessere Alternative. Sie sind größer, besser ausgestattet und etwas preiswerter. Auch die Zahl der Ferienhäuser ist groß *(stayz.com.au, airbnb.com.au)*. Außerhalb der Städte bieten sich zahlreiche Motels (90–150 A$) an. Campingplätze (*goseeaustralia.com.au* | *campsaustraliawide.com*, auch mit kostenlosen Stellplätzen) vermieten ebenfalls *cabins* und Motelzimmer (70–140 A$). B & B ist populär *(australianbedandbreakfast.com.au)*, ebenso Aufenthalte auf *stations*, wie die Farmen in Australien genannt werden *(farmstaycampingaustralia.com.au)*. Kurzfristig gute Übernachtungsangebote erhält man unter *wotif.com.au* und *ozbargain.com.au*. Zahlreiche Jugendherbergen oder *backpacker hostels* runden das Angebot ab und bieten auch preiswerte Doppelzimmer. Zimmer oder auch Häuser von Privatleuten vermitteln *airbnb.com, homestayweb.com* und *couchsurfing.org*.

Websites von Campingorganisationen (auch Tipps für Campingplätze): NSW: *caravan-camping.com.au;* WA: *caravanwa.com.au;* QLD: *aravanqld.com.au;* SA: *sa-parks.com.au;* VIC: *vicparks.com.au;* NT: *ntcaravanpark.com.au*

GRÜN & FAIR REISEN

Du willst beim Reisen deine CO_2-Bilanz im Hinterkopf behalten? Dann kannst du deine Emissionen kompensieren *(atmosfair.de; myclimate.org)*, deine Route umweltgerecht planen *(routerank.com)* oder auf Natur und Kultur *(gate-tourismus.de)* achten. Mehr über ökologischen Tourismus erfährst du hier: *oete.de* (europaweit); *germanwatch.org* (weltweit).

ZOLL

Bei Einkäufen über 300 A$ in einem Geschäft bekommst du am Flughafen 10 Prozent Mehrwertsteuer erstattet; neben der Rechnung musst du allerdings die Waren beim Zoll vorzeigen *(customs.gov.au)*. Bei Wiedereinreise in die EU sind pro Person 200 Zigaretten oder 50 Zigarren oder 250 g Tabak, 1 l Spirituosen oder 4 l Wein, 250 g Kaffee sowie andere Waren im Wert von bis zu 430 Euro zollfrei.

NOTFÄLLE

NOTRUF

Notfallnummer: *000*. Der Anrufer muss angeben, ob er die Polizei, die Feuerwehr oder die Rettungsambulanz benötigt.

DIPLOMATISCHE VERTRETUNGEN

DEUTSCHE BOTSCHAFT

119 Empire Circuit | Yarralumla | Canberra | Tel. 02 62 70 19 11 | australia.diplo.de

ÖSTERREICHISCHE BOTSCHAFT
12 Talbot Street | Forrest | Canberra | Tel. 02 62 95 15 33 | bmeia.gv.at

SCHWEIZER BOTSCHAFT
7 Melbourne Av. | Forrest | Canberra | Tel. 02 61 62 84 00 | eda.admin.ch/australia

GESUNDHEIT
Die meisten australischen Krankenhäuser und Arztpraxen erkennen deutsche Krankenversicherungen nicht an. Wenn du ärztliche Hilfe brauchst, musst du in der Regel sofort bezahlen und die Rechnung zu Hause bei deiner Versicherung einreichen. Der Abschluss einer Auslandskrankenversicherung ist deshalb empfehlenswert. Die meisten Krankenhäuser haben einen Dolmetscherservice für ausländische Kranke oder Unfallopfer.

WICHTIGE HINWEISE

ALKOHOL
Alkoholkonsum ist erst ab 18 Jahren erlaubt. Viele Städte weisen *dry zones* aus, Parks und Strandabschnitte, wo kein Alkohol getrunken werden darf. Es ist übrigens auch verboten, Alkohol in Aboriginegebiete zu bringen, selbst wenn man darum gebeten wird.

RAUCHEN
In oder in der Nähe einer Außengastronomie darf nicht geraucht werden. Auch viele Strände und die meisten Fußgängerzonen sind rauchfrei. Bei Zuwiderhandlung drohen hohe Geldstrafen.

WETTER IN SYDNEY

Hauptsaison
Nebensaison

	JAN.	FEB.	MÄRZ	APRIL	MAI	JUNI	JULI	AUG.	SEPT.	OKT.	NOV.	DEZ.
Tagestemperaturen	26°	26°	24°	22°	19°	16°	16°	17°	19°	22°	23°	25°
Nachttemperaturen	18°	18°	17°	14°	11°	9°	8°	9°	11°	13°	16°	17°
Sonnenschein Stunden/Tag	7	7	6	5	5	4	5	6	6	7	7	7
Niederschlag Tage/Monat	7	8	8	7	5	9	5	7	7	9	8	8
Wassertemperatur in °C	23	24	23	20	18	18	16	17	18	19	19	21

Sonnenschein Stunden/Tag · Niederschlag Tage/Monat · Wassertemperatur in °C

SPICKZETTEL ENGLISCH

SMALLTALK

ja/nein/vielleicht	yes/no/maybe	jäs/nəu/mäibi
bitte/danke	please/thank you	plihs/θänkju
Wie bitte?	Pardon?	'pahdn?
Gute(n) Morgen!/Tag!/ Abend!/Nacht!	Good morning!/ afternoon!/evening!/ night!	gud 'mohning/aftə'nuhn/ ihwning/nait
Hallo!/Auf Wiedersehen!	Hello!/Goodbye!	hə'ləu/gud'bai
Ich heiße ...	My name is ...	mai näim is ...
Wie heißt du?/Wie heißen Sie?	What's your name?	wots jur näim?
Ich komme aus ...	I'm from ...	aim from ...
Entschuldigen Sie!	Excuse me!	iks'kjuhs mi
Das gefällt mir (nicht).	I (don't) like this.	ai (dəunt) laik Dis
Ich möchte ...	I would like to ...	ai wudd 'laik tə ...

ZEIGEBILDER

ESSEN & TRINKEN

Die Speisekarte, bitte.	The menu, please.	Də 'mänjuh plihs
Könnte ich bitte … haben?	May I have …, please?	mäi ai häw …, plihs?
Messer/Gabel/Löffel	knife/fork/spoon	naif/fohrk/spuhn
Salz/Pfeffer/Zucker	salt/pepper/sugar	sohlt/'päppə/'schuggə
Essig/Öl	vinegar/oil	'viniga/oil
Milch/Sahne/Zitrone	milk/cream/lemon	milk/krihm/'lämən
mit/ohne Eis/ Kohlensäure	with/without ice/gas	wiD/wiD'aut ais/gäs
Vegetarier(in)/Allergie	vegetarian/allergy	wätschə'täriən/'ällədschi
Ich möchte zahlen, bitte.	May I have the bill, please?	mäi ai häw De bill plihs
Rechnung/Quittung	bill/receipt	bill/ri'ssiht
bar/ec-Karte/Kreditkarte	cash/ATM card/ credit card	käsch/äi ti äm kahrd/ krädit kahrd

NÜTZLICHES

Wo ist …?/Wo sind …?	Where is …?/ Where are …?	'weə is…?'weə ahr …?
Wie viel Uhr ist es?	What time is it?	wot 'taim is it?
heute/morgen/gestern	today/tomorrow/ yesterday	tə'däi/tə'morəu/'jästədäi
Wie viel kostet …?	How much is …?	'hau matsch is …
Wo finde ich einen Internetzugang/WLAN?	Where can I find internet access/Wifi?	'weə känn ai faind 'internet 'äkzäss/waifai?
Hilfe!/Achtung!/ Vorsicht!	Help!/Attention!/Caution!	hälp/ə'tänschən/'koschən
Apotheke/Drogerie	pharmacy/chemist	'farməssi/kemist
Fieber/Schmerzen	fever/pain	fihvə/peyn
kaputt/funktioniert nicht	broken/doesn't work	'brəukən/'dasənd wörk
Panne/Werkstatt	breakdown/garage	'bräikdaun/'gärasch
Fahrplan/Fahrschein	schedule/ticket	'skädjuhl/'tikət
0/1/2/3/4/5/6/7/8/9/ 10/100/1000	zero/one/two/three/ four/five/six/seven/ eight/nine/ten/(one) hundred/(one) thousand	'sirou/wan/tuh/θri/fohr/ faiw/siks/'säwən/äit/nain/ tän/('wan) 'handrəd/ ('wan) θausənd

URLAUBS FEELING

ZUM EINSTIMMEN & AUSKLINGEN

LESESTOFF & FILMFUTTER

FRÜHSTÜCK MIT KÄNGURUS
Lautes Auflachen ist beim Lesen dieser Reiseerfahrung garantiert. Aber der amerikanische Journalist Bill Bryson taucht auch immer wieder tief in die Geschichte ein (engl.: Down Under, 2001)

SPUREN
Die Australierin Robyn Davidson sorgte Ende der 70er-Jahre weltweit für Aufsehen, als sie sich allein mit einem Hund und vier Kamelen auf den 2700 km langen Weg von Alice Springs zur Westküste machte (engl.: Tracks, 1980)

LONG WALK HOME
Ein ergreifender Einblick in die traurige Geschichte der *stolen generation:* Nach der Zwangstrennung von ihren Eltern wagen drei Mädchen die Flucht aus dem Erziehungsheim und machen sich auf den langen, ungewissen Weg nach Hause (engl.: Rabbit-Proof Fence, 2002)

THE CASTLE
DER australische Klassiker schlechthin. Auch ohne großen Plot schafft es der Film, seine Zuschauer im Bann zu halten und vor allem zum Lachen zu bringen (1997)

PLAYLIST ON THE ROAD AGAIN

0:58

COLD CHISEL – KHE SANH
Einer der *most Australian songs of all time*

INXS – NEVER TEAR US APART
Die australische Band rund um die Rocklegende Michael Hutchence tönt noch immer aus dem Radio

POWDERFINGER – SUNSET
Der Soundtrack für den Roadtrip auf den australischen Küstenstraßen

MIDNIGHT OIL – DIESEL AND DUST (ALBUM)
Sänger Peter Garrett war schon Minister, aber singen kann er besser

PAUL KELLY – EVERY FUCKING CITY
Songs mit Einfühlvermögen und ganz viel australischem Humor

YOTHU YINDI – TREATY
Die Band aus Ureinwohnern und weißen Aussies steht für Aboriginemusik mit australischem Rock

Den Soundtrack zum Urlaub gibt's auf **Spotify** unter **MARCO POLO** Australia

Oder Code mit Spotify-App scannen

AB INS NETZ

NEWS UND REISEBERICHTE
… liest du auf *australien-blogger.de*, einem Magazin mit junger Zielgruppe

SCHLAFEN IM OUTBACK
Wo lässt sich das Outback besser erleben als auf einer abgelegenen Farm oder in einem verborgenen Caravanpark? *outbackbeds.com.au* listet ganz besondere Unterkünfte auf

WIE WIRD DAS WETTER?
Eine zuverlässige Quelle für Wettervorhersagen und -warnungen inklusive Regenradar ist *bom.gov.au*

WIRKLICH GUT ESSEN
agfg.com.au liefert sehr aktuelle Informationen, wenn es um die besten Restaurants und Cafés geht

ZU BESUCH BEI DEN ABORIGINES
Touren, die einen ausgezeichneten Einblick in die Kultur der Aborigines geben, gibt es auf *diversetravel.com.au*

SPRICH WIE DIE AUSSIES
Wenn du so richtig australisch mitreden willst, dann schau dir die Podcasts auf *theaussieenglishpodcast.com* an oder nimm an einer Online-Lesson teil

TRAVEL PURSUIT

DAS MARCO POLO URLAUBSQUIZ

Weißt du, wie Australien tickt? Teste hier dein Wissen über die kleinen Geheimnisse und Eigenheiten von Land und Leuten. Die Lösungen findest du in der Fußzeile. Und ganz ausführlich auf den S. 18–23.

❶ Was sind „grey nomads“?

a) Lausartige Insekten, die gern von Kopf zu Kopf wandern
b) Eine Vorspeise aus der Aborigineküche
c) Australische Rentnerpaare, die im komfortablen Wohnmobil monatelang über den Kontinent reisen

❷ In welche Kategorie gehört das Schnabeltier?

a) Eierlegende Säugetiere
b) Kloakenreptilien
c) Amphibien

❸ Wer ist Australiens höchstes Staatsoberhaupt?

a) Der australische Premierminister
b) Die englische Königin
c) Der amerikanische Präsident

❹ Was ist der Melbourne Cup Day?

a) Das prestigeträchtigste Pferderennen Australiens
b) Ein Feinschmeckerwettbewerb, bei dem es um den besten Kaffee geht
c) Melbournes größtes Fußballturnier

Lösungen: 1c, 2a, 3b, 4a, 5a, 6c, 7b, 8c, 9a, 10b

Für diese Camper geht die Sonne heute bei Broome unter

5 Welche dieser australischen Spinnen ist nicht giftig?

a) Riesenkrabbenspinne (engl. *huntsman spider*)
b) Trichterspinne (engl. *funnel-web spider*)
c) Rotrückenspinne (engl. *redback spider*)

6 Wie viel Prozent der Australier haben mindestens einen Elternteil, der im Ausland geboren ist?

a) 10 Prozent
b) 25 Prozent
c) 49 Prozent

7 Was fanden europäische Geologen zu Beginn des 20. Jhs. im Kakadu National Park?

a) Gold
b) Uranerz
c) Opal

8 Was solltest du tun, wenn du von einer möglicherweise giftigen Spinne gebissen wurdest?

a) Schreien, was das Zeug hält
b) Biss mit frischem Känguruurin abtupfen
c) Einen Arzt aufsuchen

9 Was für ein Tier ist der Koala?

a) Beuteltier
b) Kuscheltier
c) Bär

10 Was macht der Royal Flying Doctor Service?

a) Die besten australischen Ärzte für regelmäßige Check-ups zu Queen Elizabeth nach Windsor fliegen
b) Abgelegene australische Regionen mit einem medizinischen Notdienst versorgen
c) Sprechende Drohnen zu Unfallorten aussenden

REGISTER

LOB ODER KRITIK? WIR FREUEN UNS AUF DEINE NACHRICHT!

Trotz gründlicher Recherche schleichen sich manchmal Fehler ein. Wir hoffen, du hast Verständnis, dass der Verlag dafür keine Haftung übernehmen kann.

MARCO POLO Redaktion • MAIRDUMONT • Postfach 31 51
73751 Ostfildern • info@marcopolo.de

Impressum
Titelbild: Uluru (Huber-images: M. Rellini)
Fotos: AWL Images: P. Adams (31), Aurora Photos (186), W. Bibikow (64), M. Bottigelli (140/141), N. Pavitt (Klappe hinten), A. Watson (116); AWL Images/imagebroker: G. Zwerger-Schoner (95); AWL Images/John Warburton-Lee: A. Watson (103); DuMont Bildarchiv: Emmler (138/139); Getty Images (158 (Posnov), B. Anupong (78/79), M. Gottschalk (115), J. (161 (Love)), P. S. Kulvong (14/15), D. Osterkamp (70/71); Getty Images/Maremagnum (135); Huber-images: St. Cellai (121), B. Mitchell (58, 113), M. Rellini (46, 92), TC (24/25, 81); laif: C. Emmler (10), G. Theis (176/177); laif/GAMMA-RAPHO: J.-D. Sudres (28); laif/hemis.fr (119, 151); laif/robertharding: R. Harding Production (30/31), C. Leimbach (12/13), M. Runkel (44/45); Look: D. Fuchs (152), P.-A. Hoffmann (6/7); mauritius images: W. Bibikow (11), Boelter (163), I. Boelter (154/155), cgimanufaktur (86/87), R. Linkel (2/3); mauritius images/age fotostock (173); mauritius images/Alamy (8, 23, 49, 129, 166/167), A. Bain (136), R. Ben-Ari (96), M. Berry (42), M. Gottschalk (68), Imagevixen (122/123), G. Marshall (32/33), H. Maunder (104), A. McComiskey (50), S. Nerrie (147), I. Oeland (54/55), Ch. Putnam (179), W. Robinson (66), St. Sandner (84/85), E. Schlogl (133), P. Scholey (76), A. Scott (162), T. Vyshnya (38/39), D. Wall (111), T. Whitefoot (98); mauritius images/blickwinkel: B. Leitner (106/107); mauritius images/Cavan Images (130); mauritius images/Cultura (26/27); mauritius images/foodcollection (27); mauritius images/fStop: T. Titz (19); mauritius images/imagebroker: K. Petersen (169), N. Probst (34/35), M. Szönyi (Klappe vorne außen, Klappe vorne innen 1), M. Weber (100); mauritius images/John Warburton-Lee: A. Watson (63); mauritius images/Loop Images: A. Hare (51); mauritius images/Radius Images (82); mauritius images/robertharding: F. Fell (9), M. Simoni (61); mauritius images/Westend61 (188); C. Melville (191); Okapia/BIOS: Watts (20); T.P. Widmann (149)

15. Auflage 2020, komplett überarbeitet und neu gestaltet

Autoren: Esther Blank, Bruni Gebauer, Stefan Huy, Corinna Melville, Urs Wälterlin
Redaktion: Ulrike Frühwald; Bildredaktion: Barbara Mehrl
Kartografie: Kartografie: © MAIRDUMONT, Ostfildern (S. 36–37, 168, 172, 175, Umschlag außen, Faltkarte); © MAIRDUMONT, Ostfildern, unter Verwendung von Kartendaten von OpenStreetMap, Lizenz CC-BY-SA 2.0 (S. 40–41, 52, 56–57, 72–73, 75, 88–89, 91, 108–109, 124–125, 127, 142–143, 144, 156–157)
Als touristischer Verlag stellen wir bei den Karten nur den De-facto-Stand dar. Dieser kann von der völkerrechtlichen Lage abweichen und ist völlig wertungsfrei.
Gestaltung Cover, Umschlag und Faltkartencover: bilekjaeger_Kreativagentur mit Zukunftswerkstatt, Stuttgart;
Gestaltung Innenlayout: Langenstein Communication GmbH, Ludwigsburg;
Spickzettel: in Zusammenarbeit mit PONS GmbH, Stuttgart
Texte hintere Umschlagklappe: Lucia Rojas; Konzept Coverlines: Jutta Metzler, bessere-texte.de
Printed in China

MARCO POLO AUTORIN
CORINNA MELVILLE

Ihr Praktikum bei einer deutschen Zeitung in Australien hatte sich die Journalistin anders vorgestellt: Statt über eierlegende Säugetiere und einsame Inseln berichtete sie über Schuhplattleraufführungen. Dennoch wurde aus dem Auslandsjahr eine lebenslange Liebe zu diesem Land, das seit 2008 ihr Zuhause ist. Nach vielen Jahren in Melbourne lebt sie heute mit ihrer Familie in Adelaide.

BLOSS NICHT!

FETTNÄPFCHEN UND REINFÄLLE VERMEIDEN

SCHLECHT ÜBER KRICKET REDEN

Auf Uneingeweihte wirkt Kricket meist – äh, nun ja – vielleicht etwas undynamisch. Doch die Aussies lieben ihren Sommersport, ob nun mit *stomps, bat and ball* am Strand oder mit Bier in der Hand vor dem Fernseher.

GIFTIGE QUALLEN BERÜHREN

Box jellyfish oder *sea wasp* wird die gefährliche Quallenart genannt, deren Berührung tödlich sein kann. Zum Glück kommen die Biester nur zwischen Oktober und Mai an der tropischen Küste vor. Während dieser Zeit brauchst du unbedingt einen *wetsuit* bzw. suchst nur Strände auf, die durch Netze geschützt sind.

IN DIE AUGEN SCHAUEN

Viele Aborigines empfinden es als unangenehm, wenn man ihnen im Gespräch in die Augen schaut. Meide auch möglicherweise peinliche Themen – z. B. Armut, Hygiene, Sex.

ALLES BESSER WISSEN

Sich in den Vordergrund stellen, angeben – das kommt in Australien überhaupt nicht an. Das heißt aber nicht, dass du bei Diskussionen nicht deine Position klarmachen darfst. Eine klare Stellungnahme ist durchaus geschätzt, solange sie nicht wichtigtuerisch vorgebracht wird.

EINEN APFEL MITBRINGEN

Dank der geografischen Isolation ist Australien bisher von verschiedenen landwirtschaftlichen Krankheiten verschont geblieben. Damit dies so bleibt, ist das Mitbringen von Früchten und Fleischwaren absolut tabu, andere Artikel (etwa Schokolade) werden toleriert, solange sie auf dem Zollformular deklariert sind.